O GUARDIÃO
DA SÉTIMA PASSAGEM
A Porteira Luminosa

RUBENS SARACENI

O GUARDIÃO
DA SÉTIMA PASSAGEM
A PORTEIRA LUMINOSA

MADRAS

© 2024, Madras Editora Ltda.

Editor:
Wagner Veneziani Costa (*in Memoriam*)

Produção e Capa:
Equipe Técnica Madras

Revisão:
Arlete Genari
Maria Cristina Scomparini

CIP-BRASIL. CATALOGAÇÃO-NA-FONTE
SINDICATO NACIONAL DOS EDITORES DE LIVROS, RJ.

B399g

Benedito de Aruanda, Pai (Espírito)
O guardião da sétima passagem: a porteira luminosa/Rubens Saraceni; [inspirado por Pai Benedito de Aruanda]. – São Paulo: Madras, 2024
ISBN 978-85-370-0337-4
1. Ficção umbandista. 2. Espiritismo. 3. Obras psicografadas. I. Saraceni, Rubens, 1951-. II. Título.
06-0627.   CDD 133.93
            CDU 133.9
20.02.06   22.02.06   013394

Proibida a reprodução total ou parcial desta obra, de qualquer forma ou por qualquer meio eletrônico, mecânico, inclusive por meio de processos xerográficos, incluindo ainda o uso da internet, sem a permissão expressa da Madras Editora, na pessoa de seu editor (Lei nº 9.610, de 19.2.98).

Todos os direitos desta edição reservados pela

MADRAS EDITORA LTDA.
Rua Paulo Gonçalves, 88 — Santana
CEP: 02403-020 — São Paulo/SP
Caixa Postal: 12299 — CEP: 02013-970 — SP
Tel.: (11) 6281-5555/6959-1127 — Fax: (11) 6959-3090
www.madras.com.br

Prefácio

Este livro, só agora publicado, faz parte da série "Guardiões", iniciada com a publicação de Hash Meir. Seu personagem, fictício ou não, é usado pelo autor espiritual para nos mostrar mais um pouco das esferas negativas e do aparente caos nelas reinante, mas que não tem nada de caótico, porque cada região astral é um domínio regido pelo polo negativo dos mistérios sustentadores da Lei e da Vida.

O personagem, aparentemente sem débitos significantes, transita nos domínios negativos e, sem ter de recorrer a ações violentas, vai transmutando carmas pesadíssimos em novas possibilidades para muitos seres que antes não tinham uma alternativa aceitável pela Lei.

Se é real ou fictício, pouco importa, porque por meio desta história poderão avaliar corretamente a importância do mistério Exu e suas hierarquias na manutenção do equilíbrio nas esferas negativas e no esgotamento do negativismo desenvolvido pelos espíritos.

Foi preciso o uso de censura ou meias palavras para não chocarmos os leitores, porque nas esferas negativas a regra é o oposto do que reina nas regiões da luz.

O autor espiritual precisou censurar muitos dos diálogos a ele transmitidos pelos personagens, mas, cremos, o interesse em conhecer mais um pouco sobre os "Exus" e alguns dos seus campos de atuação foram mantidos e expandidos sem que algo proibido pela lei fosse revelado.

Acompanhem a viagem espiritual de um ex-médium de Umbanda pelo universo oculto da esquerda da religião umbandista.

Só não se esqueçam de que aqui os Exus e as Pombagiras são os personagens principais.

Quanto às "encrencas" entre eles, para eles é normal ou corriqueiro.

Tenham uma boa leitura!

Rubens Saraceni

A Porteira Luminosa: Por Meon

Vou iniciar o meu relato sobre um irmão querido que, ao renunciar ao uso da força, conquistou o poder que só os sábios conquistam.

Isso tudo vocês verão pelo desenrolar do relato de um período da vida de Samuel, um médium umbandista que, ainda no corpo carnal, cansou-se de tanto mediar pedidos considerados por ele como fúteis e recolheu-se para não ser incomodado pelas futilidades alheias.

Início

Samuel era um médium que havia se cansado de ouvir pessoas pedindo-lhe que interferisse na vida alheia só porque achavam que se prestava a tais coisas, justo ele, que abominava quem interferia no fluir natural da vida de cada um.

Quando alguma mulher vinha até ele para reclamar que certo homem que tanto a atraía não a queria, ou vice-versa, ele respondia: "Vou ver o que posso fazer, certo?". Mas além de nada fazer ainda sentia uma vontade imensa de dizer ao consulente: "Por que não se convence de que você não é o tipo ideal para aquela pessoa e a deixa em paz?".

E assim, de futilidade em futilidade, Samuel resolveu recolher-se em uma concha que o isolou do restante da humanidade só para não ouvir lamentos que eram sem sentido para ele.

Mas, com o passar do tempo, também começou a se sentir inútil, pois sabia ser possuidor de alguns dons e de ter à sua disposição muitas forças espirituais.

O tempo passou, Samuel envelheceu e... morreu!

Não foi uma passagem diferente de qualquer outra. Apenas a dele, que no plano material se isolara de todos, conduziu-o a um local ermo em um plano espiritual.

Samuel, na agonia da passagem, sentiu que era puxado por uma força poderosa que o conduziu até um campo florido. Ainda zonzo e muito cansado, ajeitou-se sobre a relva verde e começou a orar, pedindo proteção a Deus, pois estava trêmulo e assustado.

Aos poucos, foi sentindo as batidas do coração voltarem ao normal e o tremor desapareceu.

Manteve-se quieto até que a respiração normalizasse. Aí, sentou-se e observou melhor o lugar onde estava. Mas ainda sentia uma leve tontura e uma náusea inexplicável. E, como não se animou a ficar de pé, pois temia cair ou vomitar, viu a noite chegar, em um imobilismo total.

Via o céu mais estrelado que nunca e, para melhor apreciar a beleza do firmamento, deitou-se de costas, bem devagar, para não perder os sentidos.

Contemplando o céu estrelado, acabou adormecendo profundamente e só acordou quando a luz do sol incomodou seus olhos e seu sono.

Instintivamente, sentou-se e depois levantou-se, sem que sentisse tontura ou náuseas. Após uma olhada ao redor, andou sem rumo pelo resto do dia por aquele campo verde e florido.

Só ao entardecer viu uma casa rodeada de frondosas árvores carregadas de flores e frutos. A ela se dirigiu apressado, chegando mesmo a correr um pouco. Mas logo voltou a caminhar, uma vez que as náuseas e a tontura voltaram a incomodá-lo. Teve mesmo de se sentar um pouco até que se sentisse melhor.

Assim, só quando já anoitecia, ele chegou à porta da frente da casa e, batendo palmas, chamou:

— Ô de casa! Tem alguém aí?

— Quem é você? — perguntaram-lhe às suas costas. Samuel virou-se assustado e se viu frente a frente com um sujeito não muito amistoso.

— Sou Samuel, senhor.

— O que você faz aqui?

— Procuro pousada. Podem acolher-me esta noite?

— De onde vieste?

— Bom, isso é difícil responder.

— Não é não. Se agora estás aqui, antes aqui não estavas. Logo, em outro lugar estavas, certo?

— É, isso é verdade.

— Que lugar era esse?

— Minha casa, senhor.

— Onde fica tua casa?

— Isso é difícil de dizer. Não tenho noção de onde estou. Que lugar é este?

— Isto aqui é um plano espiritual.

— O quê?!!!

— O que ouviste: um plano espiritual!

— Será que estou sonhando? É isso: um sonho!

— Sonho coisa nenhuma. Isto aqui é tão real quanto nós dois. Você, se não me engano, é um desses sujeitos que deixam o plano material de uma hora para outra, sem a menor consciência de que seu tempo no corpo carnal já se acabou.

— Será?
— Será não. Isso é o certo!
— Então... não verei mais a minha família?
— Isso também é certo.
— Mas como vou saber se estão bem ou precisando de mim?
— Isso já não importa, Samuel. De qualquer jeito, nada mais poderá fazer por eles! Que importa agora se, para eles, você morreu?
— Não é possível. Nem me despedi deles!
— Isso é assim mesmo. Vá se acostumando com a ideia, pois seu tempo no plano material cessou.

Samuel sentou-se, pois as náuseas e a tontura voltaram a incomodá-lo, além do tremor, agora mais intenso.

Após olhar um pouco para o estado em que Samuel se encontrava, o sujeito mal-encarado resolveu levá-lo para dentro do casarão e deitá-lo numa cama que havia em um quarto.

— Ficará aí até o amanhecer, Samuel. Mas não mexa em nada e não saia deste quarto até a chegada dos colhedores de seivas, certo?

Samuel nada respondeu, pois, se abrisse a boca, vomitaria. O espírito-guardião fechou a porta do quarto e voltou à sua ronda noturna em torno do casarão, até que o sol raiasse.

Já era manhã quando espíritos começaram a surgir na entrada do casarão. E quando surgiu aquele que era o chefe dali, o guarda aproximou-se e dirigiu-se a ele, dizendo-lhe:

— Senhor, ontem à noite, logo após vossa partida, um estranho chegou aqui. Como é um recém-desencarnado que não tinha noção de nada e não inspirava perigo, resolvi recolhê-lo em um quarto. Será que agi certo?

— Só depois de ver quem é o estranho saberei se você agiu corretamente. Vamos até ele e descobriremos de quem se trata.

Depois de olhar e examinar Samuel por algum tempo, o chefe falou:

— Está tudo bem, irmão Josias. Agiu bem, pois esse espírito não apresenta sinais de débitos marcantes perante a Lei. E, se a este plano a Lei o conduziu, é porque aqui ela o quer e o usará mais adiante.

— Então, com sua licença, senhor. Vou me recolher à casa dos guardas.

— Vá em paz, irmão Josias. Que nosso Senhor o abençoe por ter acolhido esse nosso irmão durante nossa ausência, em vez de tê-lo levado até os planos mais densos!

O guarda Josias volitou dali mesmo, do quarto, direto para a casa dos guardas e, ao chegar e ver seu superior, exclamou:

— Cada coisa que me acontece!

— O que foi desta vez? — quis saber o seu superior.

— Chefe, ontem à noite, lá onde presto guarda, surgiu um desses recém-desencarnados. E quando expliquei a ele que havia morrido, o sujeito quase teve uma segunda morte. O senhor precisava estar lá para ver. Iria ter um acesso de risos. Que sujeito idiota! Ha, ha, ha!

— Idiota é você, seu estúpido! — exclamou irritado o chefe de Josias — Eu, aqui, com falta de auxiliares, e você nem se lembrou de trazê-lo para mim?

— Aquele sujeito é um inútil, chefe! Só iria irritá-lo, caso eu o tivesse trazido.

— Quem decide se alguém será útil ou não sou eu, Josias. Logo, o idiota é você!

— Desculpe-me, chefe. É assim tão grande a sua falta de auxiliares?

— Tudo bem, eu não quis ofendê-lo. Mas que isso não se repita mais, certo?

— Não se repetirá. Prometo!

— Ótimo. Agora, vá cuidar de sua vida e me deixe a sós, pois tenho muito o que fazer.

— Com sua licença, chefe.

Assim que Josias se afastou, o chefe dele murmurou:

— Tenho de ir ver o tal recém-chegado, pois talvez ele me sirva para alguma coisa — e volitou até o casarão onde Samuel estava. Mas, ao perguntar em que haviam recolhido o novato, decepcionou-se: haviam-no levado a um hospital, pois estava muito abalado. Então, pediu:

— Quando ele estiver melhor, levem-no para mim, pois preciso muito de auxiliares, diretor!

— Caso ele manifeste interesse em se tornar um guarda, eu mesmo o levarei a você, irmão guardião Samir. Mas só se ele quiser, certo?

— O senhor sabe das minhas dificuldades em incorporar mais guardas. Logo, não esqueça de mim quando ele estiver melhor, por favor!

— Não me esquecerei.

— Até a vista, senhor diretor.

Samuel, por meio da volitação, havia sido transportado para um hospital espiritual e, já medicado, repousava em uma cama confortável.

Mais uns dias e alguns esclarecimentos, e ele animou-se a sair do quarto em que repousava. Reuniu-se a outros recém-desencarnados em um imenso salão onde doutrinadores os esclareciam dos seus estados atuais.

E ali foi muitas vezes, antes de receber autorização para sair do interior do hospital e passear pelos jardins que havia à volta dele. Cumprimentou uns e outros antes de sentar-se em um banco isolado em um dos extremos dos jardins, só se levantando quando era hora da doutrinação.

O tempo parecia não passar para ele, que já se sentia curado. E, muito solitário, sempre se dirigia ao "seu" banco e lá ficava, não se animando a reunir-se com os outros espíritos ali recolhidos.

E isolado continuaria, caso o médico que o havia tratado não tivesse ido até seu "retiro" e conversado com ele:

— Como vai, Samuel?

— Estou bem, doutor Pedro.

— Não o vejo tão bem assim. Você vive isolado!

— Fique tranquilo, pois estou muito bem. É que sou um solitário incorrigível. Acho que isso faz parte de minha natureza.

— O que pretende fazer, Samuel?

— Como assim, doutor?

— O que desejo saber é que rumo pretende tomar, agora que pertence ao plano espiritual.

— Aceito sugestões, doutor. Afinal, o que sei sobre este lado da vida?

— O que acha de se iniciar em alguma atividade?

— Onde?

— Pode ser aqui mesmo.

— O que posso fazer, se conheço muito pouco sobre medicina?

— Pode começar aprendendo alguma coisa, Samuel.

— É, acho que é o mais correto.

— Então venha comigo que o conduzirei ao doutor Ângelo, que é mestre instrutor neste hospital.

— O que é um mestre instrutor, doutor?

— Simplificando, é um professor!

— Isso eu compreendo.

— Muito bem. Vamos até ele, Samuel!

Samuel, após conhecer o doutor Ângelo e ouvi-lo sobre o que ali poderia aprender, decidiu estudar a medicina espiritual.

Incorporou-se a um grupo de estudantes já adiantados e mergulhou fundo nos estudos da medicina espiritual. Em pouco tempo foi sanando sua falta de conhecimentos e não só alcançou os colegas de turma, como chegou a ultrapassá-los nos conhecimentos, pois enquanto os outros dedicavam parte dos seus tempos a atividades de lazer, ele se recolhia à biblioteca ou aos muitos "laboratórios" existentes no hospital-escola.

Quando aquele grupo de espíritos se formou e foi encaminhado para outras instituições, Samuel preferiu continuar ali, e juntou-se a outro grupo, já de estudos mais avançados, pois, como havia se destacado com louvor, podia optar.

Parte do tempo ele dedicava a tratar os enfermos e outra parte, a estudar.

O tempo passou rápido para ele, que ficou triste quando o doutor Ângelo falou:

— Irmãos, seus estudos avançados terminaram. Todos os senhores alcançaram seus graus de mestres instrutores.

— Já? — perguntou Samuel.

— Sim, irmão Samuel. De agora em diante, vocês serão senhores de seus destinos e do destino de todos que vierem a se instruírem com vocês. Que Deus os abençoe!

Aconteceu uma espécie de "colação de grau", reservada só ao corpo de instrutores e dirigentes daquele hospital espiritual, na qual cada um dos novos mestres instrutores recebeu os símbolos de seus graus: uma faixa com os símbolos dos mestres instrutores, um anel com pedras coloridas e um caduceu, além da recomendação para que honrassem dali em diante seus graus.

E o grau de um mestre instrutor de medicina espiritual consistia em ir até algum lugar que dele necessitasse e, discretamente, dar início a um ambulatório, abrigo ou hospital espiritual e desenvolvê-lo a partir de si mesmo e dos seus conhecimentos, até que alguma instância superior o requisitasse para funções de alta responsabilidade e longo alcance.

Havia muitos locais assinalados como necessitando da presença de um mestre instrutor.

Os novos mestres, muito apressados em dar início às suas missões, foram até o quadro com os locais e escolheram onde iriam dar início aos seus trabalhos.

Quanto a Samuel, preferiu ir até seu já tradicional banco em um dos extremos dos jardins e meditar um pouco.

Estava pensativo quando o doutor Ângelo surgiu ao lado dele, mas, mantendo-se em silêncio. Samuel, algum tempo depois, quebrou o silêncio, perguntando-lhe:

— O que tanto o preocupa, venerando mestre instrutor?

— Você me preocupa, mestre Samuel!

— Por quê?

— Ora, todos os outros mestres formados já escolheram os lugares onde iniciarão suas missões enquanto você continua aqui a meditar sobre como iniciar a sua. Por que isso?

— Todos, o senhor disse?

— Isso mesmo.

— Então, como havia trinta lugares necessitados, e trinta mestres se formaram, o meu já foi escolhido, doutor Ângelo. Ele está lá no quadro à minha espera!

— Não escolheste de verdade, pois foi o único que restou.

— Se restou, foi porque os outros atraíram mais os novos mestres, certo?

— Isso mesmo.

— Logo, se outro lugar eu tivesse escolhido, alguém agora estaria indo iniciar sua missão em um lugar que não o atrairia muito, certo?

— Seguindo esse raciocínio, sim.

— Além do mais, o penúltimo a escolher nunca poderá dizer que a ele não foi dada outra alternativa, caso o lugar por ele escolhido se revele muito trabalhoso ou inóspito, certo?

— Mais uma vez, está certo. Mas, e quanto a você? O que dirá caso o lugar que restou o desagrade?

— Nada direi.

— Por que não?

— Bom, se optei por deixar que todos os outros escolhessem seus locais para, então, conhecer o meu, ele está lá à minha espera. E sem ninguém a desejá-lo, porque talvez seja melhor do que os outros locais escolhidos. E, como nenhum outro restou, sei que minha escolha é a melhor de todas, pois não foi feita apenas porque eu tinha a opção de escolher entre duas ou mais. Não! Eu a aceito pois sei que ela, entre trinta, a mim foi reservada pelo meu Senhor, que sabia que se outros não a queriam por ser pouco atrativa, no entanto iria me agradar muito, porque eu também sou calado, isolacionista, solitário e...

— E... o quê?

— Pouco atrativo.

— É, isto você é mesmo. Apesar de ter se revelado um gênio no seu aprendizado e na cura dos enfermos, no entanto não se incomodou ou se importou em estabelecer ligações íntimas com quem quer que seja. Por que isso?

— É minha natureza, doutor Ângelo. Mas, no meu íntimo, amo e respeito a todos. Apenas me reservo o direito de ser como sou.

— Se és assim, também sabe por que assim és, não?

— É, eu sei.

— Por que não falamos sobre isso?

— Não é necessário eu me revelar, porque o senhor não precisa ouvir-me de viva voz para me conhecer, uma vez que grande é o poder e o conhecimento que traz em si mesmo. E, além do mais, na noite em que descobri que eu já pertencia ao plano espiritual, pedi em preces a Deus que me guiasse dali em diante, pois, quando tentei caminhar por conta própria, precisei recuar e me recolher em uma vida inútil aos meus olhos, ainda que eu soubesse que, se aquilo acontecia, era por vontade d'Ele, o meu Senhor e senhor meu Deus.

— Isso explica o porquê de não escolher um lugar para iniciar sua missão.

— É, isso explica, venerando mestre instrutor! Eu pedi ajuda ao Senhor Deus para que Ele escolhesse um lugar onde eu pudesse servi-Lo com o melhor de mim, e sem ter de contrariar minha natureza atual antes que outra se manifeste em mim.

— Se você não fosse um espírito dotado de uma mente privilegiada, movido só por sentimentos virtuosos, só pelo que acaba de dizer-me eu já o consideraria um sábio. Mas, como sei do que é capaz, digo-lhe que, de todos os meus discípulos, você é um dos mais sábios. Que Deus o abençoe em sua missão, pois ela não é menos difícil ou menos trabalhosa que as dos outros formandos.

— Vou ver o lugar que Deus reservou para mim. Acompanha-me?

— Eu já sei qual é o lugar, mestre Samuel. Mas, assim mesmo, eu o acompanho!

Samuel volitou até a sala onde se encontrava o quadro e apanhou o último local nele fixado. Então, murmurou:

— Um cemitério!

— É, um cemitério. Qual a sua ligação com o Campo-Santo?

— O senhor não sabe?

— Não. Jamais vasculhei sua memória, creia-me!

— Por que não vasculhou?

— Sempre me bastou olhar para os seus olhos e ver neles uma pureza intensa, só maculada por um sentimento de tristeza e uma sensação de fracasso. Mas optei por deixar que você mesmo, se quisesse, disso me falasse. E como esse momento ainda não chegou, aguardarei até que ele chegue.

— Gostaria de me ouvir agora, venerando mestre instrutor?

— Você está preparado para abrir seu íntimo?

— Se não estou preparado, como posso explicar essa vontade de falar com alguém que está disposto a ouvir-me e, talvez, compreender-me?

— Fale-me de suas tristezas e seus fracassos, irmão do meu amor ao nosso Senhor! Eu não só o compreenderei como também tentarei auxiliá-lo a superar essas suas deficiências que o impedem de revelar o amor que vibra em seu íntimo e revelá-lo um espírito tão luminoso e tão radiante que até os meus olhos se ofuscarão diante de você.

— És muito generoso comigo, amado mestre. Mas, após ouvir minha "história", tenho certeza de que o que acabas de dizer sobre mim se revela uma inverdade.

— Conte-me a sua história, irmão amado. Depois de ouvi-la saberei se me enganei quando olhei nos seus olhos pela primeira vez e vi, lá no seu íntimo, uma fonte luminosa tão poderosa, mas tão poderosa, que me encantou e me impediu, por princípios que me regem, de vasculhar sua memória e seu passado.

— Promete que tudo o que vou revelar-lhe, guardará como uma confissão de alguém que já não suporta mais não poder falar com alguém sobre si mesmo?

— Será que estou apto a ouvi-lo, irmão amado?

— Se o senhor não estiver apto, então aguardarei o dia em que se sinta apto para poder ouvir-me, compreender-me e ajudar-me. E isso se, antes desse dia chegar eu já não tiver sucumbido sob o peso do meu segredo.

— Se eu não estiver preparado, como posso explicar essa vontade tão grande que sinto de conhecer a razão que o impede de revelar sua luz aos meus olhos?

E Samuel contou sua história ao doutor Ângelo.

Quando a terminou, emitiu um suspiro de tristeza enquanto duas lágrimas corriam face abaixo.

Quanto ao doutor Ângelo, manteve-se calado até que, não se contendo mais, abraçou Samuel e chorou muito, antes de conseguir falar qualquer coisa. E quando conseguiu, apenas disse:

— Obrigado, muito obrigado, irmão do meu coração!

— Agradece a um fracassado?

— Você sabe realmente o que fez?

— O que acabei de relatar-lhe, oras!

— Você não tem consciência da grandeza das suas ações, meu irmão amado.

— A Deus elas pertencem, mestre.

— Mas você, em nome d'Ele, realizou-as. O seu mérito é inegável, ainda que oculte tudo no seu íntimo.

— É bondade do senhor, mas eu nada fiz além do meu dever.

— Vou lhe contar o que sei sobre um ser muito especial que muitas vezes realizava ações, inimagináveis a qualquer espírito humano, e que, quando realizou tudo o que dele Deus esperava, sentiu-se inútil, pois não compreendeu bem a grandeza do que havia feito sem outro intuito que não o de obedecer às vontades d'Ele.

Quando doutor Ângelo terminou de falar, perguntou:

— Compreende agora por que ele o recolheu em uma concha silenciosa e impenetrável?

— Seguindo seu relato, tudo se torna mais compreensível para mim. Mas... será que essa é a verdade? Ou há outra que realmente me satisfaça?

— Essa não o satisfez?

— Minha luz transbordou?

— Não. Continua oculta no seu íntimo, Samuel.

— É isso, mestre venerando! Nenhuma explicação me satisfaz. E olhe que já tentei encontrar uma que me contentasse.

— Talvez, só Ele revelando a você por que o recolheu em uma concha você venha a se dar por satisfeito.

— É, aí talvez eu venha a me contentar. Mas, até que esse dia chegue, prefiro acreditar que fracassei na minha missão no plano material da vida. E, para um fracassado, nada melhor que uma segunda oportunidade, ainda que seja em um cemitério abandonado em algum local no plano material, certo?

— Sempre há um recomeço, Samuel!

— É, sempre há. Como o meu já começou, é melhor eu me apressar.

— Venha comigo, pois quero que leve consigo algumas coisas que não devem faltar a um mestre instrutor em início de missão.

Doutor Ângelo deu a Samuel uma "maleta" branca e o ensinou a retirar dela coisas guardadas por meio de um dos maiores mistérios conhecidos pelos mestres instrutores.

Samuel, após se despedir de todos no hospital, volitou até próximo do local onde iria dar início à sua missão e procurou se acostumar com as vibrações energéticas densas do plano material, pois iria viver dali em diante em um cemitério naquele plano, ainda que não pertencesse só ao material; por se tratar de um Campo-Santo, era também uma porta para o plano espiritual.

Já era tardinha quando ele chegou ao plano material, e logo escureceria. Por isso se apressou para entrar no cemitério enquanto ainda era dia.

Quando ia entrar, saudou os guardiões da porteira com reverência e respeito e pediu licença para entrar.

— Quem o enviou, doutor? — perguntou um dos espíritos mal-encarados que guardavam aquela entrada.

— Eu optei por assistir os espíritos enfermos que porventura possam estar aqui ou até virem a estar.

— Boa sorte, doutor!

— Obrigado, companheiro. Com sua licença!

— Pode passar, "companheiro!"

Samuel entrou no cemitério e foi dar uma olhada no que havia nele. Após percorrê-lo todo e nada ver que justificasse sua presença ali, sentou-se próximo ao Cruzeiro e ficou a meditar nas razões de ter restado a ele um lugar onde não havia espíritos enfermos para serem curados, doutrinados e ensinados. E já era noite alta quando viu chegarem algumas pessoas com sacolas nas mãos.

Do seu posto de observação, ficou vendo o que iriam fazer, pois, de imediato, identificou-os como médiuns que iam realizar trabalhos espirituais no Campo-Santo. Também viu vários espíritos a acompanhá-los e a inspirá-los em como procederem em um solo sagrado.

Viu quando acenderam velas de várias cores e invocaram conhecidas entidades do ritual afro-brasileiro.

Meio fascinado, assistiu a todo o ritual e ficou encantado com a luz, o poder e o mistério dos orixás. E também se assustou com as entidades da esquerda que, após serem invocadas, ali se mostraram.

Em sua mente, todo um período de sua existência vivida no plano material voltou a latejar intensamente quando os médiuns, muito respeitosos, retiraram-se. Pouco depois, os orixás luminosos e irradiantes também desapareceram, só ficando no Cruzeiro os espíritos ligados a falanges da esquerda que haviam recebido oferendas.

Samuel reconheceu neles os Exus e Pombagiras do Ritual de Umbanda e do culto africano chamado Candomblé.

Curioso, levantou-se e aproximou-se, ainda que sentisse um certo medo daqueles espíritos um tanto assustadores.

— Boa-noite, companheiros e companheiras de destino! — saudou Samuel, quando já estava bem próximo.

— Boa-noite, companheiro! — respondeu o Exu chefe. — Quem é você?

— Sou o doutor Samuel.

— O que faz aqui, doutor? Por acaso está perdido?

— Não, não. Apenas iniciei aqui minha missão, companheiro.

— Qual é a sua missão, doutor?

— Em princípio, estabelecer-me aqui! Depois, dar início à cura dos espíritos enfermos que porventura queiram minha ajuda.

— Um curador! — exclamou o Exu.

— Um médico, companheiro. Só um doutor, nada mais!

— Compreendo. Mas acho que não terá muito o que fazer por aqui.

— Por que não?

— Bem, os que querem ser curados, curados não podem ser. E os que podem ser curados, curados não querem ser.

— Um enigma!

— Isso mesmo. Decifre-o e descobrirá por que terá muito pouco a fazer por aqui.

— Um enigma, pronunciado por um desconhecido a um desconhecedor do enigma de onde se encontra, em princípio é indecifrável.
— Mas eu não sou um desconhecido!
— Para mim ainda és.
— Eu sou o Exu dos Cemitérios, doutor.
— Pronto, já não és um desconhecido!
— E o local onde te encontras é um cemitério, certo?
— Isto é certo, companheiro.
— Então, já tens elementos para decifrar o enigma deste local, certo?
— É, já os tenho. Só me resta decifrá-lo.
— Se não me engano, logo logo o terá decifrado, doutor!
— Se você pressente isso, então com certeza logo o terei decifrado, companheiro!
— Ótimo. Agora tenho de ir realizar o que me pediram. Acompanha-me, doutor?
— Talvez em outra oportunidade, companheiro. Esta noite ainda espero juntar mais elementos para então começar a decifrar o seu enigma.
— Esse enigma não é meu, doutor.
— Se não é seu, então...?
— Isso mesmo. Esse enigma é o seu, doutor.
— Interessante. Muito interessante!
— Também o achei interessante, doutor. Até outro encontro!
— Até. Bom trabalho, companheiro!
— Obrigado, doutor!

O Exu dos Cemitérios volitou com toda a sua falange deixando Samuel sozinho, ali no Cruzeiro.

Pouco depois, ele voltou à porteira e, surpreso, viu que muitos médiuns realizavam ali as mais variadas oferendas às mais variadas falanges de Exus e Pombagiras. Mas, o que mais o atraiu foi a visão do orixá Ogum Megê montado em seu cavalo branco que, a certa distância, vigiava a movimentação na porteira do cemitério.

Após observar por algum tempo o imponente, radiante e luminoso orixá, Samuel criou coragem e se aproximou dele com respeito.

Respeitoso, ajoelhou-se diante dele e cruzou o solo à sua frente, antes de dizer:
— Com sua licença, Senhor Ogum Megê!
— O que deseja, curador?
— Quero pedir a sua bênção, senhor.
— Eu o abençoo com a bênção que o nosso Senhor o abençoou.
— Bendito sejais vós por todo o sempre, senhor!

— Bendito sejas tu também, curador, pois bendito tens sido até este momento.

— Peço vossa licença para poder dar início à minha missão neste Campo-Santo.

— Você já a tinha antes de chegar até este lugar, e não deixará de tê-la, caso dele queira vir a se retirar.

— Deste Campo-Santo só me retirarei caso quem para cá me enviou para outro lugar venha a me enviar. E, se assim não for, aqui permanecerei por todo o tempo que minha missão aqui me exigir.

— Eu o aprecio, curador.

— Sinto-me feliz por descobrir que, apesar de tudo, ainda sou apreciado pelo senhor. Muito honrado me sentirei se um dia eu puder servi-lo com o que já aprendi.

— Honra-me colocando-se à minha disposição, curador. Não me esquecerei do que acaba de dizer-me.

— Louvado sejais sempre, orixá que amo e respeito. Salihed Mehi Xahyêh! Salihed Fanihê Anihê Yahchmihê Ach-mê! — exclamou Samuel, em um repente incontido, pois aquelas palavras pronunciadas por ele pertenciam aos iniciados e significavam isso: Salve, meu senhor da luz! Salve tu, instrumento do meu Senhor e Senhor meu!

E, quando Samuel acabou de pronunciá-las, um clarão veio do alto iluminando todo o Campo-Santo, enquanto raios das mais variadas cores riscavam o firmamento acima deles. E todos os raios convergiam para a ponta da lança dourada do senhor Ogum Megê, que nela os absorveu impassível enquanto dos seus olhos luminosos lágrimas multicoloridas corriam, tornando suas faces furta-cores.

Após os raios terem sido absorvidos pela lança, esta se tornou incandescente e começou a arder em chamas douradas.

Samuel deitou-se no solo e estendeu as mãos com as palmas viradas para o alto, em uma posição ritual diante da manifestação do poder de um orixá, o que significava que ele pedia a bênção e a proteção do orixá, bem diante dele.

Sentiu um calor abrasador penetrar-lhe a nuca e espalhar-se por todo o corpo antes de ouvir um fogoso relinchar do cavalo e um trotar que indicava que, dali, o senhor Ogum Megê se retirava.

Lentamente Samuel se levantou e, de joelhos, cruzou o solo à sua frente. Então percebeu que estava totalmente nu. Do que trouxera consigo, só a maleta restara. Suas vestes de médico haviam sumido. Sem saber o que fazer, apanhou a maleta, e com ela a cobrir sua frente começou a se afastar dali, mas o guardião da porteira o chamou:

— Doutor, hei doutor!

Samuel virou-se, ainda atordoado, e viu que o guardião da porteira se dirigia para perto. Então, perguntou:

— O que deseja, companheiro?

— Você foi incrível, doutor. Nunca antes isso aconteceu nesta porteira!

— O que aconteceu não foi incrível, mas sim admirável. E o que tanto o impressionou foi apenas a manifestação de um dos poderes do senhor Ogum Megê. Ele é maravilhoso, companheiro!

— Incrível! Eu nunca havia visto algo parecido em toda a minha existência maldita!

— Sua existência não é maldita, companheiro. Apenas acontece que você não a compreende. Mas, maldita, ela não é!

— Que seja. Mas que você é incrível, isso é!

— Com sua licença.

— Onde irá?

— Vou vestir outra roupa, pois estou nu.

— Não se preocupe com isso, pois andar nu por aqui não é exceção. É a regra!

— Então vou ser uma exceção. Com sua licença!

Samuel retirou-se para o interior do cemitério e, já a sós, abriu a maleta e apanhou uma muda de roupas, vestiu-a e se dirigiu ao Cruzeiro.

Já diante dele, ajoelhou-se e, após uma oração, invocou o orixá Obaluaiê, o senhor do Campo-Santo que, em meio a um esplendor de luzes, mostrou-se a Samuel e, após ouvi-lo, abençoou-o e tocou uma vez a sua nuca com seu cajado radiante.

Quando Samuel se levantou, estava nu novamente.

Vestiu-se mais uma vez e invocou a senhora Iansã das Almas, seguindo o ritual que já havia praticado quando era médium. E foi tocado pela espada incandescente dela, ficando nu mais uma vez. E novamente recorreu à sua maleta para se vestir antes de ritualmente invocar o senhor Omolu, o guardião da morte e executor das leis do Campo-Santo.

Após se apresentar e ouvir o senhor Omolu, Samuel deitou-se ritualmente e foi tocado pela ponta do alfanje dele. Quando se levantou, mais uma vez estava nu. Enfiou a mão na maleta e nada. As mudas de roupas haviam se acabado.

— Que azar, agora faço parte da regra, pois minhas vestes se acabaram — falou ele para si mesmo.

— Posso trocar algumas palavras contigo, doutor?

Samuel voltou-se para onde estava quem a ele se dirigia e viu um senhor de cor negra. Aparentava idade avançada e tinha cabelos e barbas brancos.

— Do que se trata, senhor?
— Eu o estive observando desde que aqui chegou e, se não me engano, os orixás não o querem vestido de médico. Ou não foi de curador que todos eles o chamavam?
— É, chamavam-me de curador. Mas sou médico. O que dá no mesmo, não?
— Aí é que você se engana. Um médico cura com os recursos da medicina, que são limitados. Já um curador recorre aos recursos de Deus, que não têm limites.
— Compreendo.
— Será que compreende mesmo?
— Claro que sim. Quando eu era médium, certas doenças não identificáveis pelos médicos eram curadas no centro de Umbanda que eu frequentava.
— Você só tem uma vaga noção. Mas ela não abrange tudo o que um curador é capaz. Mesmo com todo o seu estudo, um curador está além dele.
— Compreendo.
— Portanto, se você é um curador, então servirá os orixás tal como eles o veem.
— Onde existe uma escola de curadores, amigo?
— Oh, oh, oh!, não existe uma escola, doutor.
— Então? Como é que fico?
— Eu lhe digo como fica: procure colocar-se sob a proteção de um curador e o tempo revelará se realmente é digno do nome com que os orixás do Campo-Santo o honraram.
— Onde posso encontrar um curador?
— Temos muitos por aqui, doutor. Caso deseje se iniciar com um deles, siga-me.
— Tenho outra alternativa?
— No momento, não.
— Eu o sigo, senhor...?
— José é meu nome, curador.
— O meu é Samuel. Sabe, tem uma coisa que me incomoda um pouco.
— O que é?
— Oras, não posso sair por aí à procura de um curador assim, nu.
— Por que sua nudez o incomoda tanto?
— Que me lembre, nunca andei nu em toda a minha vida.
— Terá de se acostumar, doutor. Por aqui as coisas são como são e não será você quem irá alterá-las.

— Então agradeço sua oferta, irmão José. Não vou andar assim por aí.
— O que fará se não vestir uma roupa?
— Nada. Não vou me expor até que eu consiga uma.
— Venha comigo. Eu conheço alguém que talvez resolva o seu problema.
— Assim está melhor, irmão José.

Samuel acompanhou José até o Cruzeiro, ou melhor, atrás do Cruzeiro, onde havia uma passagem escura pela qual entraram, saindo no interior de um salão ocupado por muitos espíritos. Dali seguiram por um corredor escuro até alcançarem outro salão, dez vezes maior que o anterior, todo ocupado por espíritos com as mais variadas aparências, o que deixou Samuel muito curioso.

José foi até onde se assentava aquele que parecida ser o chefe do lugar e, após confabular com ele, chamou Samuel e o apresentou:

— Este é o doutor Samuel, companheiro Exu do Cruzeiro.
— Muito prazer! — cumprimentou-o Samuel.
— Doutor, é?
— Isso mesmo, companheiro.
— Qual diabo o trouxe a este cemitério, doutor?
— Não foi um diabo que me trouxe até aqui, senhor.
— É claro que foi. Só que você não o conhece... ainda!
— Deus me enviou para cá, amigo do Cruzeiro.
— Não sou teu amigo.
— É claro que és. Apenas ainda não sabes disso.
— Para eu ter alguém na conta de amigo, só depois de muitas provas de lealdade, confiança e respeito.
— Enquanto as provas não se apresentarem, por que não darmos um crédito ao tempo?
— Por aqui só há débitos, doutor.
— Se alguém está em débito, então alguém é credor, não?
— Entre nós dois, quem é quem, doutor?
— Isso o tempo também mostrará, amigo do Cruzeiro!
— Se eu for o credor, vou querer receber. E se for o contrário, farei tudo o que puder para não pagar o que devo.
— Isso o tempo também decidirá. Mas enquanto esse tempo não chegar, nada nos impede de nos tratarmos com relativa amizade, não?
— Vou ver se temos espaço para essa amizade relativa, doutor.
— Mas, enquanto isso, pode dar-me uma roupa para me cobrir?
— Claro! Assim, já partimos com você sendo meu devedor, certo?
— Se assim deseja que seja nosso início de amizade, então que assim seja.

— Acordo fechado, doutor! Pode ir até onde guardo as vestes dos que tinham débitos comigo e não puderam, não quiseram ou não souberam como quitá-los.

— Você cobrou seus créditos tirando-os de suas roupas ou tirando a roupa deles, amigo do Cruzeiro?

— És perspicaz, doutor. Adivinha!

— Acho que foi tirando-os de dentro das roupas que não usariam mais.

— Acertou, doutor!

— Posso imaginar o que aconteceu a eles depois de estarem nus.

— Eu sei que tem uma imaginação muito grande, doutor. Logo, nunca venha a ser cobrado por mim, pois já sabe como cobro os meus devedores.

— Tentarei pagar meu débito com algo que me torne seu credor, amigo Cruzeiro!

— Só que não deve se esquecer de que não aprecio dever para alguém ou ser cobrado por quem quer que seja, certo?

— Não me esquecerei. Onde estão as roupas?

Samuel se vestiu com calça cinza, sapatos pretos, camisa cinza, chapéu de abas largas e uma capa igual às usadas pelos boiadeiros em dia de frio ou chuva. E, após se dar por satisfeito, murmurou:

— Não me pareço nem um pouco com um médico.

— Não mesmo! — confirmou José, que o observava com curiosidade.

— Mas acho que agora está mais confortável que antes, não?

— Estou sim. Vamos à procura de um curador que queira me iniciar?

— Antes devemos voltar até o Exu do Cruzeiro para que ele veja o que você pegou dele.

— É assim que as coisas funcionam por aqui?

— Sim, esse é o procedimento nessa região da vida astralina. Nada é cedido se não trouxer um retorno, ainda que demore um pouco de tempo.

— Compreendo.

Já amanhecia quando saíram dos domínios do Exu do Cruzeiro e José o conduziu ao lugar onde iria encontrar os curadores.

Samuel entrou no lugar e em um piscar de olhos fez um apanhado de tudo o que ali havia. Alguns bancos ocupados por espíritos ensimesmados ou preocupados, e muito sérios!

A um sinal de José, sentou-se em um dos bancos e também voltou seus pensamentos para tudo o que havia vivido desde que chegara ao cemitério. E não precisou de muito tempo para concluir que havia sido uma sequência de acontecimentos lógicos dentro do ritual umbandista, pois havia entrado no Campo-Santo após pedir licença ao Exu da Porteira. Depois falara com o

Exu dos Cemitérios para, a seguir, apresentar-se a Ogum Megê, o guardião dos caminhos dos espíritos.

A seguir, dirigira-se ao Cruzeiro e se apresentara aos orixás que ali se manifestam para, depois, encontrar um velho negro africano que o conduziu ao Exu do Cruzeiro e agora o deixara em uma sala onde algum Preto-Velho curador o escolheria para iniciá-lo na arte de curar ou ser um curador. "Isso é uma iniciação!" — pensou.

— É sim, filho — confirmou alguém ao lado.

Samuel levantou os olhos e viu um rosto simpático a observá-lo. Levantou-se e cumprimentou o velho negro de olhar arguto que o observava.

— Muito prazer, senhor. Sou Samuel, um...

— Não importa quem você seja, filho — atalhou o velho, sem deixá-lo continuar a falar. — O que importa é o que você deseja ser, certo?

— Tem razão, senhor. O que eu era não foi de muita valia para eu iniciar minha missão neste Campo-Santo.

— Muito me agrada ouvir isso de você, filho. Isso significa que não lamentará ao ter de deixar de ser o que era para se tornar o que nunca deixou de ser. Gostaria de se iniciar curador sob minhas ordens, vontades e desejos?

— Ordens, vontades e desejos, o senhor disse?

— Sim. E tudo o que ordens, vontades e desejos trazem implícito!

— Tenho outra alternativa, caso eu queira me iniciar como curador?

— Não tem.

Samuel desviou o olhar para as próprias vestes por um instante, depois olhou para o alto, também só por um instante, antes de responder:

— Eu gostaria muito, senhor...

— Tomaz, filho. Aqui me chamam de pai Tomaz.

— Fico grato por poder me iniciar com o senhor, pai Tomaz. Procurarei ser digno do senhor, do seu saber e da sua bondade para comigo, um aspirante à iniciação na arte dos curadores.

— O tempo mostrará se és realmente um curador ou só um médico. Segue-me, pois vou providenciar para que ainda esta noite tenha início o teu aprendizado.

— Sim senhor, mestre Tomaz.

— Pai Tomaz, Samuel. Não se confunda nem me confunda, certo?

— Desculpe-me, pois ainda guardo algumas lembranças de um passado muito recente.

— Então sua iniciação começa agora: não importa o que fazia ou era. O que importa agora é o que fará e quem será!

— O que importará para mim será o que farei e serei. Isso é o que me importará, pai Tomaz. Obrigado por me lembrar. Não me esquecerei disso!

— Eu sei que não se esquecerá. Venha!

Samuel seguiu o Preto-Velho pai Tomaz e pouco depois entrava em um imenso salão subterrâneo totalmente ocupado por espíritos vestidos com as mais variadas roupas. Mas todos tinham em comum uma coisa: usavam por cima delas longas capas pretas ou vermelhas, ou de ambas as cores, uma de cada lado, que traziam nas costas um ponto cabalístico da esquerda.

Ele também viu muitos espíritos que só tinham como veste as longas capas e botas, pois mantinham o restante do corpo nu.

E não eram só espíritos masculinos não. Lá também havia muitos espíritos femininos que formavam uma amostra de todas as raças humanas: brancas, negras, orientais, índias, louras, morenas, enfim, uma mescla da espécie humana. O mesmo acontecia com os espíritos masculinos.

Pai Tomaz indicou Samuel a um negro de porte altivo e ordenou:

— Samuel, de agora em diante você responderá a mim em quaisquer circunstâncias. E, na minha ausência, responderá ao Exu das Sete Porteiras, pois ele é meu auxiliar direto.

— Sim senhor, pai Tomaz.

— Muito bem. Agora o deixo aos cuidados e ordens dele, pois tenho coisas muito importantes a fazer.

— Obrigado, pai Tomaz — respondeu Samuel.

O Exu das Sete Porteiras, já a sós com Samuel, perguntou:

— O que você é, sabe fazer e é capaz?

— O que sou e sei, não importa, chefe. Quanto ao que sou capaz, só o tempo poderá dizer.

— Muito bem. Vou vesti-lo e armá-lo como um dos meus servos, pois um dos servos do Senhor Exu das Sete Porteiras agora você é, Samuel.

— Sim, senhor.

— Siga-me!

Samuel seguiu aquele espírito imponente, altivo, orgulhoso e pretensioso, segundo uma primeira e superficial avaliação. E, se não fosse pelo insólito do que estava acontecendo, só com o que havia visto naquele espírito, teria mandado aquele "sujeito" para o inferno e abandonado tudo. Mas resignou-se e, calado, seguiu-o até uma caverna sombria, só iluminada por alguns archotes de chamas rubras, quase tão vermelhas quanto sangue.

Com rápidos olhares, Samuel captava a essência do que por ali havia e ia guardando para si todas as suas observações.

Quando entraram em outra caverna, "dentro" daquela imensa caverna, ouviu do Exu das Sete Porteiras:

— Escolha suas armas, servo!

— O que o senhor sugere a um iniciante?

— Eu não sugiro nada. Você apanha as que o agradarem ou as que possam ser-lhe úteis. Só lhe digo que sua vida dependerá delas de agora em diante; ou sua morte, se é que me entende!

— Eu entendo, chefe.

Samuel recolheu uma espada, um punhal, um laço e um tridente, dizendo:

— Isso já me basta, meu chefe.

— Não quer recolher mais nada?

— Não, senhor.

— Então fique de frente para mim, pois vou cobri-lo com a capa que simboliza que você é, de agora em diante, um Exu das Sete Porteiras.

— Um Exu das Sete Porteiras de agora em diante serei, meu chefe.

Após irradiar fortemente com a mão esquerda e fazer surgir uma capa toda preta marcada por um símbolo cabalístico e entregá-la a Samuel, o Exu das Sete Porteiras falou:

— Esta capa é o teu símbolo, grau e posto. Honra-a e ela te protegerá. Desonra-a e ela te punirá.

— Não me esquecerei disso, chefe.

— Ela também te abrirá as porteiras de todos os Campos-Santos quando estiver no cumprimento de tuas ordens.

— Sim, senhor.

— Só não te esqueças de mais uma coisa: ordens são para serem cumpridas, nunca para serem discutidas.

— Permite uma observação, meu chefe?

— Se ela me agradar, faze-a. Mas, se não, é melhor que não a faças, pois costumo não tolerar impunemente as observações que não me agradam.

— Corro esse risco!

— Qual é a tua observação, Samuel?

— Sinto-me um soldado e o vejo e o tenho a conta de um grande general comandante...

— De um exército formado pela escória do mundo espiritual, certo?

— Isso não sei, senhor.

— Por que não, se teus olhos mostram que não és nenhum tolo ignorante?

— Segundo minhas concepções das artes militares, um exército reflete o seu comandante. E este é refletido em todo o seu exército.

— Resumindo...

— Um exército é o que é por causa do seu comandante, nunca o contrário; isso, segundo minhas concepções, senhor.

— Ainda que sua observação tenha sido correta e por isso não me desagradou, digo que você traz em si uma insolência, soldado.

— Não é insolência, senhor.
— Não?
— Não, senhor.
— O que é que traz, se não é insolência?
— Um apego muito grande às verdades incontestáveis e de fácil comprovação.
— Não me esquecerei disso, soldado. Aprecio teus princípios e espero promovê-lo a uma patente mais elevada.
— Não me promova antes de ser digno dela, senhor.
— Quando achar que é digno de uma patente superior, lembre-me de promovê-lo de posto, Samuel.
— Sim, senhor.
— Venha, vou levá-lo ao meu depósito de espíritos humanos. Lá, escolherá seus auxiliares imediatos e diretos.

Samuel seguiu aquele espírito que, quando chegou diante de uma porta, ordenou:
— Abram!

Imediatamente a porta se abriu para dentro e uma vasta e interminável caverna pôde ser vista por Samuel, que ficou estarrecido com o que ali dentro existia: milhares e milhares de espíritos nos estados mais incríveis e inacreditáveis!

Uns estavam deformados; outros, todos feridos; outros, em putrefação; e outros, em franca transformação para estados e estágios já não humanos.

Imediatamente, abaixou as abas do chapéu e cobriu os olhos para ocultar as lágrimas que brotaram e embaçaram a sua visão. Sentiu um tremor que o imobilizou por um instante, mas que controlou para não cair de joelhos diante do horror sequer imaginável até há pouco.

A voz metálica e impassível do Senhor Exu das Sete Porteiras tirou-o daquela paralisia momentânea quando falou:
— Você tem mais sorte que eu, pois pode escolher seus auxiliares enquanto eu sou obrigado a aceitar os que a mim os senhores da luz indicam.
— É, eu tenho muita sorte mesmo, senhor. De quantos auxiliares precisa um soldado ou quantos pode escolher e pegar para si?
— Em princípio, sete. Mas, se achar que seus auxiliares venham a precisar de auxiliares, poderá trazê-los aqui e cada um deles poderá escolher outros sete. E, caso os auxiliares dos seus auxiliares venham a precisar, aqui também poderão vir apanhar auxiliares, e assim sucessivamente.
— Compreendo. É uma corrente humana, não?
— Ou desumana, soldado. Nunca se esqueça disso também!

Samuel ia dizer que não se esqueceria, mas foi interrompido por gritos pavorosos às costas. Virou-se e viu um grupo de espíritos femininos fortemente armados subjugando com correntes e laços uma grande quantidade de espíritos já muito deformados: uns tinham garras em vez de mãos; outros tinham patas no lugar dos pés; outros tinham cabeças de animais; etc., etc., etc.

Uma negra muito bela comandava o grupo que conduzia aquela horda, assustadora em outras condições, pois naquele momento eles estavam subjugados e tinham profundos ferimentos a atormentá-los. Uns urravam de dor, outros apenas gemiam, e muitos sequer conseguiam gemer. A negra, olhando para Samuel com ar de desdém, exclamou:

— Mais um iniciante, poderoso!

— É, mais um iniciante, princesa. Este é o soldado Samuel, meu mais novo auxiliar.

— Muito prazer, princesa — cumprimentou-a Samuel.

— Não gosto que iniciantes me dirijam a palavra, soldado! — exclamou ela, mais uma vez com desdém.

— Sinto muito se a desagrado, princesa. Mas se isso aconteceu é porque não a conhecia antes e desconhecia seus gostos e desgostos. Isso não acontecerá mais. Prometo-lhe!

— Já lhe disse que não gosto de ouvir iniciantes.

— Sinto muito, princesa. Desculpe-me.

— Cale-se! E só volte a me dirigir a palavra quando tiver uma patente digna de uma princesa.

— Qual é a patente digna de vossa alteza?

— A de general! Agora, cale-se, pois, se me dirigir mais uma palavra, eu o deixarei em pior estado que estes prisioneiros, iniciante idiota!

Samuel calou-se e abaixou as abas do chapéu mais uma vez para ocultar o que lhe passava no íntimo. Os auxiliares da princesa, então, arrastaram os prisioneiros para dentro da caverna-prisão e lá os largaram, saindo rápido de dentro daquele horror humano ou desumano. O Exu das Sete Porteiras, então, ordenou:

— Soldado, vá escolher seus primeiros sete auxiliares, pois preciso cuidar dos meus afazeres.

— Com sua licença, senhor.

Enquanto Samuel escolhia, a princesa ficou a conversar com o Exu das Sete Porteiras:

— Poderoso, foi um pouco arriscado, mas acabamos com essa desgraçada rainha Cobra.

— Eu sabia que era arriscado, princesa. Mas confiava no seu poder e capacidade de acabar com ela de uma vez por todas.

— Essa aí jamais incomodará quem quer que seja. Irá apodrecer na prisão das Sete Porteiras por toda a eternidade!

— É, apodrecerá sim. Eu tenho certeza que dentro de pouco tempo nada mais restará da rainha Cobra.

— Se o ódio que a alimenta a sustentar por muito tempo, entrarei nessa prisão só para esgotá-lo na ponta do meu tridente.

— Eu sei que você é capaz disso, princesa.

— Não tenha dúvidas. Volto e a reduzo ao nada absoluto!

A essa altura do diálogo entre o Exu e a princesa, Samuel retornou do interior da prisão trazendo sete espíritos amarrados no seu laço. E dois faziam parte dos que a princesa havia aprisionado há pouco: dois espíritos femininos! Uma era uma mulher com cabeça de cobra e a outra com cabeça de felino. Ao vê-las no laço de Samuel, a princesa, com ódio, exclamou irada:

— Maldito solado de merda! O desgraçado escolheu a rainha cobra e a sua filha só para me afrontar. Não vou permitir isso, poderoso!

— Por que você pegou essas duas malditas, soldado? — perguntou o Exu das Sete Porteiras.

— Eu podia escolher sete dos prisioneiros, não?

— Sim.

— Então, se era um direito meu, escolhi quem achei que melhor poderia me servir, pois só assim poderei servi-lo com o que de melhor há em mim.

— Poderoso — argumentou a princesa —, ele está me provocando! Ordene imediatamente que ele devolva à prisão essas malditas que tantos males fizeram aos protegidos do pai Tomaz.

O Exu, irritado, perguntou a Samuel:

— Soldado, você não quer trocar essas suas duas escravas por outras, menos perigosas?

— Eu tinha o direito de escolha, não?

— Sim, você tinha.

— Pela primeira vez tive o direito de uma escolha que não poderia transferir a ninguém mais, pois ou eu escolhia os que me auxiliarão como eu quero ou de nada me servirão.

— Quando isso acontece e tenho de intervir em uma escolha, dou um direito sete vezes maior que o primeiro. Poderá escolher outros 49 escravos por cada uma delas.

— Agradeço vossa generosidade. Entretanto prefiro manter meu direito inicial a só sete auxiliares diretos.

— Eu o compreendo. Mas também quando alguém como você aparece, dou um segundo direito adicional e permito que troque cada uma dessas duas por outras 77 escravas. E veja que aqui o número de auxiliares conta muito, soldado!

— Senhor, se antes nunca renunciei às escolhas que tive de aceitar por não ter o direito de recusá-las, não será agora que começarei a quebrar meus princípios e renunciar a uma escolha que, por direito, era minha. É só uma questão de princípio, senhor.

— E se eu lhe ordenar que as devolva à minha prisão?

— Imediatamente lhe devolvo suas armas e a capa com que me distinguiu por trazer o símbolo do seu poder e vou para sua prisão com minhas auxiliares, pois, desde o momento em que as escolhi para mim, prometi a elas a minha liberdade de ação enquanto forem fiéis às minhas ordens, vontades e desejos. Disse também que elas desfrutariam dessa minha liberdade dentro dos meus limites. Prometi que se elas viessem a cair, junto com elas eu cairia tentando libertá-las. Mas como jamais levantarei minhas armas, que são suas, contra o senhor, que meu chefe é, então estou em um beco sem saída. Portanto, como honro minha palavra dada, mas também respeito meu senhor, irei para a sua prisão com elas.

— Ir para essa prisão significa o fim, soldado. Um horrível fim!

— Nenhum fim, por mais horrível que seja, é pior que alguém não honrar a palavra empenhada.

— Às vezes, quando empenhamos nossa palavra sem pensarmos no que estamos fazendo, temos de pagar um preço muito alto, soldado.

— Eu sei disso, senhor. E estou disposto a pagar o preço da minha palavra dada a elas. E, se a prisão do senhor for esse preço, não tenha dúvidas: eu o pagarei sem me lamentar, pois ao meu lado estará minha honra a me sustentar e minha consciência a aliviar minhas angústias por ter perdido a oportunidade de servir a alguém que identifiquei, assim que o vi, como um general digno do que de melhor possuo: meu apego à verdade que rege os princípios que me mantêm humano, ainda que no mais desumano dos meios eu esteja, tenha estado ou venha a estar.

— Compreendo-o, soldado.

— Eu sei que compreende, senhor! — exclamou Samuel, despindo-se todo e ficando nu.

— Por que despiu minha capa e depôs minhas armas, que são suas, aos meus pés?

— Quero deixar claro ao meu senhor que não temo e jamais temerei as consequências que advirão da minha palavra empenhada. Assim, caso o meu senhor ordene que elas voltem à prisão, irei com elas para lá.

— Por que despiste a tua veste, que não eram minhas, já que tuas sempre foram?

— Elas não eram minhas. Quem as deu a mim foi o senhor Exu do Cruzeiro, mas com a condição de que um dia eu as pagasse. Caso eu tenha de acompanhar minhas auxiliares à sua prisão, jamais poderei saldar meu débito para com ele. Então peço um favor ao senhor: mande algum auxiliar seu devolvê-las ao senhor Exu do Cruzeiro e dizer-lhe que agradeço muito pelas vestes, mas, como perdi a única coisa que poderia me proporcionar meios de saldar minha dívida para com ele, então as devolvo tal como as apanhei.

Também mande dizer a ele que se nada pude acrescentar ao que a ele devia, no entanto nada ele perdeu, uma vez que antes de lhe dar algum prejuízo, lembrei-me de que se nada mais eu tinha, pois eu havia me perdido pelo meu direito à escolha, no entanto não me esqueci que lhe devia algo muito importante, que são essas vestes que cobriam meu corpo, minha honra e meu poder.

— Você acha que algum auxiliar meu teria coragem de dizer isso ao senhor Exu do Cruzeiro?

— Se um auxiliar não tiver a coragem de repetir letra por letra uma mensagem do seu chefe, não é um auxiliar digno.

— Você teria essa coragem?

— No cumprimento de uma ordem, pode me faltar tudo, menos a coragem de realizá-la.

— Compreendo.

— Eu sei que compreende.

— Soldado, eu te ordenei que despisses a capa que te distingue como um dos meus?

— Não, senhor.

— Eu ordenei que devolvesses à minha prisão tuas escravas?

— Não, senhor.

— Então trata de te vestir, pois tenho uma missão digna da tua coragem e lealdade.

— Sim senhor, general!

Samuel, já vestido, perguntou:

— Qual é a minha missão, senhor?

— Vá até o domínio do senhor Exu do Cruzeiro e diga a ele que ou devolve a falange de auxiliares meus que ele aprisionou quando cumpriam uma ordem minha ou...

— Ou...? — indagou Samuel.

— Nada mais que ou, soldado. Vá cumprir suas ordens e só retorne ao meu domínio com minha falange libertada.

— Sim, senhor. Com sua licença!

Samuel virou-se para seus sete auxiliares e, soltando-os do laço, falou:

— De agora em diante ficarão atrás de mim, pois se algo tiver que acontecer de ruim a vocês, antes terá acontecido a mim. Mas se algo de bom a mim vier acontecer, certamente partilharei com vocês por me acompanharem. Sigam-me que, ou os conduzirei ao paraíso ou os enviarei ao inferno, sempre atrás de mim, certo?

Como não obteve resposta, ordenou:

— Sigam-me! — e volitou até os domínios do Exu do Cruzeiro para cumprir suas ordens. A princesa, depois de dar uma gargalhada, exclamou:

— Poderoso, você enviou esse iniciante idiota ao encontro do próprio fim!

— É, enviei sim! Samuel está indo ao encontro de seu fim.

— Nunca mais terei o desprazer de ver esse idiota novamente.

— Desprazer? Eu achei que você o apreciou quando ele estava nu. Algo nele a atraía muito, não?

— Isso não tem nada a ver com o que penso de idiotas insolentes.

— Venha, tenho outra missão para você e preciso lhe falar.

— Do que se trata?

— É o pai Tomaz. Precisa de uma Pombagira, e escolhi você para auxiliá-lo. Tenho de instruí-la em como se portar enquanto auxiliar dele.

— Isso significa que...

— Isso mesmo. Por sua eficiência no cumprimento de suas ordens, eu a estou promovendo.

— Finalmente, poderoso! — exclamou a princesa, feliz.

Quanto a Samuel, bem, ele, um iniciante que desconhecia as regras de conduta naquele meio negativo, surgiu diante do assento ocupado pelo Exu do Cruzeiro sem avisar ou ser anunciado. E saudou:

— Salve, amigo do Cruzeiro!

O outro, irritado, perguntou:

— Quem é você e como ousa invadir meus domínios?

— Mas um amigo não tem o direito de visitá-lo?

— Quem é você?

— Sou eu, meu amigo! Não me reconhece mais? — perguntou Samuel, tirando o chapéu que, com as abas abaixadas, encobriam parte do rosto.

— Ah!, é você, doutor?

— Eu mesmo, meu amigo. E... olhe só, agora uso uma capa com o símbolo do Senhor Exu das Sete Porteiras.

— Qual diabo o levou a se incorporar logo à legião daquele maldito?

— Se foi um diabo, só o tempo poderá responder. Mas o fato é que não pude resistir à vontade de vir comunicar-lhe que já consegui um meio que qualquer dia desses me permitirá saldar a dívida que tenho com o senhor.

— Não tenho nada contra você, doutor. Mas, cuidado, pois ordenei aos meus que dessem uma lição no Exu das Sete Porteiras.

— Posso saber a razão dessa animosidade?

— Por que eu deveria revelar meus problemas a você?

— Oras, eu sou teu amigo!

— E daí?

— Bom, se não pudermos contar nem com os amigos para ouvir nossos problemas, então a vida perde todo o seu valor e deixa de ter as razões que nos permitem vivê-la, ainda que limitados.

— Esse não é um meio em que se possa confiar, doutor.

— Tudo bem que não seja confiável. Mas chegar ao ponto de não poder confiar em alguém, aí já estás ultrapassando os limites humanos. E se isso começa a acontecer contigo, então acredito que muito pouco te resta nesse teu cargo de confiança, que um orixá confiou-te porque em ti confia, certo?

— É, eles confiam que eu faça a minha parte. Mas às vezes não é fácil ou possível quando você vê a única coisa que lhe restou na vida ser reduzida a um ser abjeto.

— A quem você se refere, meu amigo?

— À minha filha, doutor. Era a única coisa que me fazia acreditar que eu ainda era humano. E ela, um espírito da luz, caiu por culpa de um auxiliar idiota do Exu das Porteiras.

— O que ele fez?

— Abandonou-a à própria sorte quando ela mais precisava de ajuda.

— Como tudo aconteceu?

— É uma longa história, doutor.

— Todo o tempo do mundo não é o bastante para mim quando desejo ouvir um amigo. Conte-me tudo desde o começo, meu amigo que não se negou a me cobrir quando eu me encontrava nu.

— Você dá tanto valor assim a essa roupa?

— À roupa? Não. Mas à tua boa vontade em me ajudar em um momento que eu tanto precisava, sim. E farei tudo o que estiver ao meu alcance para ajudar tua filha, meu amigo.

— O que tu podes fazer por ela, se és um iniciante?

— Só depois de saber o que aconteceu com ela e onde agora ela está saberei se posso fazer algo ou não. E, se eu puder, não tenha dúvidas de que tudo farei para vê-la bem, meu amigo.

— Bom, iniciante ou não, nunca se sabe, não é mesmo?

— É, nunca se sabe. Sou todo ouvidos, companheiro de sina.

— O caso é que minha filha foi a única coisa boa, decente e útil em minha vida vivida no plano material. E isso foi há muito, mas muito tempo!

E se vim parar nas trevas, ela seguiu outra direção. A luz acolheu-a e a amparou quando eu estava longe dela. De onde eu estava, se nada podia fazer por ela, também procurei não atrapalhar sua evolução que, para mim, era a única coisa positiva de minha vida.

— Continue, por favor — pediu Samuel ao ver que o outro abaixara os olhos e se calara.

— Bom, há tempos ela foi incorporada a uma linha de Lei da Umbanda e começou a prestar auxílio aos encarnados, servindo sob as ordens de um Caboclo das Matas. Até aí tudo bem. Mas quando um inimigo meu descobriu que ela era minha filha, não lhe deu tréguas, ou ao tal Caboclo, até que os arrastou às trevas mais profundas.

— E onde entra o auxiliar do senhor Porteira?

— Eu havia pedido ao idiota que, caso minha filha corresse algum perigo grave, ele viesse me avisar pois eu iria em socorro dela.

— E ele não veio?

— Não! Preferiu desaparecer a reconhecer que havia falhado no seu posto.

— Será que ele desapareceu ou caiu antes dela?

— Acredito que se apavorou e fugiu, indo ocultar-se em algum domínio fora do meu alcance visual ou magístico.

— Pois lhe digo que ele caiu antes dela e não está em melhores condições que ela, o tal caboclo e os outros auxiliares dele.

— Como pode afirmar isso com tanta certeza?

— Eu posso vê-los daqui, meu amigo. E, ou nos apressamos ou chegaremos tarde com o socorro a todos eles e a muitos outros que só queriam crescer na única alternativa que lhes havia restado para resgatarem aqueles que amam.

— Foi por mim que minha filha se incorporou a uma linha de lei?

— Ela o ama muito, meu amigo. E não está sofrendo tanto por estar prisioneira em um domínio hostil, como por sentir que a única alternativa que tinha para chegar até você está se esvaindo com o que está acontecendo a ela. Vamos?

— Vamos aonde?

— Aos domínios do companheiro que a aprisionou.

— Você está louco? Quem entra lá nunca mais sai se não for rastejando.

— Se esse for o preço para resgatá-la, eu o pago.

— Você paga esse preço? Acaso sua vida não vale nada?

— Enquanto eu não resgatá-la ela nada valerá para mim.

— Você ousa se arriscar por mim?

— Sim. Mas se quero ir até lá resgatá-la, é por causa do que ela fez para poder ficar por perto e despertar em você sentimentos outros que não só o do amor que sente por ela. Quando vejo isso, todo o meu ser vibra, pulsa e lateja, impulsionando-me na direção de uma solução para tantos sofrimentos inúteis! Ou não é verdade que o tal inimigo não é outro que não o seu filho a quem você julga culpado por ela ter ido parar nas trevas?

— Como você sabe de tudo isso?

— Estou vendo tudo diante dos meus olhos, como se vosso drama estivesse sendo passado para mim neste instante. Vamos?

— Eu não ousaria ir ao encontro dele, doutor.

— Por que não?

— Seria o fim certo para mim.

— E não será seu fim, caso sua filha seja engolida pelo ódio que ele alimenta contra você?

— Bem, isso é! Mas...

— Não lhe ocorre que sua filha tem sido o único elo que lhe fazia acreditar-se um ser humano? E que sem ela nada mais irá detê-lo na sua queda rumo às esferas extra-humanas?

— Isso é verdade. Eu ainda encontrarei um meio de acabar com aquele maldito e ingrato filho!

— Só porque você o ensinou a matar, roubar, estuprar e odiar os seres humanos, não significa que ele seja um ingrato. Apenas ele age com você do mesmo jeito que o ensinou a agir com o restante da humanidade. É só isso que ele é, meu amigo: um fruto de sua amarga vida, que está prestes a deixar de ter o único fruto doce que gerou. Vamos? E veja que esta é a última vez que o convido a acompanhar-me no resgate de uma criatura que, de tão doce que é, poderá anular todo o amargor de sua vida e da do seu filho, que não é menos amargo que você!

— Se você, um estranho, vai se arriscar por minha filha, eu não permitirei que caia sozinho.

— Não cairemos, amigo do Cruzeiro.

Samuel e o Exu do Cruzeiro volitaram até o domínio negativo onde a filha dele havia sido feita prisioneira. E surgiram bem na frente do Trono daquele grande das trevas.

O amigo de Samuel não se assustou, mas ele quase desmaiou ao ver que estava em um ninho de cobras. Meio trêmulo, perguntou:

— Quem é o senhor desse domínio?

— Eu sou o senhor! — respondeu alguém bem atrás deles. — E você, quem é?

— Sou Samuel e vim pacificá-lo com seu pai e libertar de um sofrimento inútil, tolo e cruel sua irmã que tanto o ama, companheiro Cobra Negra.

— Isso é o que você diz. Mas o que vejo é um tolo que finalmente me entregou o maior culpado do meu ódio à humanidade.

— Estás enganado, companheiro. Na verdade, teu pai e tua irmã são só pretextos para, finalmente, tu deixares de te conduzir pelo emocional e começar a agir com teu racional. Ou achas que eu seria tolo o bastante para vir até aqui se um poder maior não estivesse me guiando?

— Quem é você, escravo da porteira?

— Quem me conduziu realmente até aqui é que deveria querer saber. Mas, como você, um ser puramente emocional, não percebe, então é melhor não fazer o que tanto está desejando, ou irá se arrepender amargamente por ter ousado atingir uma inocente só para ferir um culpado. Onde está sua irmã?

— Com meus magos encantadores. Eles a estão transformando em mais uma de minhas escravas.

— Como você é idiota, companheiro. Não percebe que você só não caiu mais ainda porque ela vinha amparando-o com preces e pedidos ao Criador de uma nova oportunidade de recolocá-lo nos caminhos da Lei?

— Eu jamais cairei do meu Trono, Exu Porteira. Sou o mais astuto e poderoso dos senhores das trevas. Até agora, sempre que pousei meus olhos em alguém, transformei-o em meu escravo.

— Aí é onde mais tens errado. Ou não percebes que, mais tempo menos tempo, aqueles teus inimigos, agora teus escravos, acumularão tanto ódio de ti que te superarão e subjugarão?

— Eles não conseguirão isso, Exu Porteira.

— É claro que sim. Eles já perderam tudo! Até o direito de odiá-lo você tirou deles!

— É claro que os privei do direito de me odiarem.

— Pois aí é que você errou. Se já não podem odiá-lo, logo o estarão anulando com vibrações de apatia tão intensas que você não terá mais forças para se manter nesse Trono, que ainda ocupa. Aí, qualquer um que não goste de você o destronará e você vai parar em uma esfera extra-humana.

— Por que acha que isso acontecerá comigo?

— O único fio de luz que o sustentava está a ponto de ser rompido por sua estupidez, companheiro. E, no momento em que sua irmã não conseguir mais se comunicar mentalmente com o anjo que a ampara, o demônio que tanto tem feito para escravizá-lo não mais será contido. Então, imediatamente, ele começará a anulá-lo. Como você é idiota, companheiro!

— Cuidado com a língua, Porteira! Você não está em seus domínios para me chamar de idiota impunemente. Modere sua linguagem ao falar comigo ou o calarei imediatamente.

— Tudo bem. Mas se não vou chamá-lo mais de idiota, no entanto fica implícito em nosso diálogo que você é um idiota, certo?

— Só vou engolir isto porque quero que me explique melhor sobre o tal fio e sobre quem é que está de olho no meu Trono.

— Já que estamos entendidos, então vou revelar-lhe uma coisa que talvez você não mereça saber, mas, por causa do me respeito para com o senhor Exu do Cruzeiro e pelo meu amor pela sua irmã, farei isso.

— Porteira, deixe de divagações e vá direto ao que me interessa, certo?

— Tudo bem, eu serei o mais conciso e direto possível. Você há muito tempo começou a afundar. Mas como sua irmã foi resgatada justamente por espíritos atingidos por você, e que o perdoaram pois compreenderam que odiá-lo só os arrastaria para cá também, ela começou a orar por você, que caía.

As preces dela, e de alguns espíritos atingidos por você, vinham sustentando-o nesse nível vibratório e impedindo que fosse tragado pelo ódio dos que mais abaixo o odeiam muito.

Você, na sua ânsia estúpida de destruir seus inimigos, acabou derrubando-a, justamente com os que aqui o sustentavam e alimentavam a esperança de um dia colocá-lo na trilha da Lei. Mas você, um ser puramente emocional, não viu que quando derrubou o tal Caboclo das Matas e o transformou em um ser apático, cortou o penúltimo fio. Aí, não satisfeito, ordenou que seus magos negativos encantassem sua própria irmã e rompessem o último fio de luz que, se aqui o sustinha, é porque você estava, por meio dela, ligado a um anjo. E, como nada mais o liga a esse Anjo da Luz e da Lei, sua sentença final talvez já tenha sido escrita no livro da Lei.

— Que sentença é essa, Porteira?

— Se não me engano, você irá se transformar em mais uma fonte viva de energia em algum lugar que agora não importa saber, pois lá você deixará de ser o que agora é e se transformará no que nunca conseguiu deixar de ser: "um emocional desequilibrado"!

— Eu também penso, Porteira!

— Nada disso. Você só reage segundo seu emocional desequilibrado, que subjugou seu racional. Agora mesmo estou captando suas dúvidas, pois capta nas minhas palavras que digo a verdade.

— É, isso é verdade. Talvez você tenha razão, e eu deva poupar minha irmã para não correr um risco desnecessário. Eu já ouvi falar algumas coisas sobre as tais esferas extra-humanas.

— Só que tem um problema. Acabo de descobrir que você não me é estranho.

— De onde nos conhecemos, Porteira?

— Isso não importa. Acho que não vou mais intervir na sua queda definitiva, companheiro. É, penso que é o melhor a fazer!
— Mas... você não queria pacificar-nos e resgatar minha irmã?
— Depois eu a resgato.
— Mesmo que ela vá comigo a uma das tais esferas?
— Claro. Isso para mim é muito mais fácil que perder meu tempo tentando salvar alguém que já me importunou por muitos séculos sem nunca ter ao menos parado para pensar se o erro não estava consigo, não em mim!
— Quem é você?
— Isso agora já não importa mais. Seu fim está nas mãos dos seus magos negativos. Logo, que sejam seus próprios escravos que o executem, companheiro!
— Você não pode fazer isso comigo, Porteira!
— Por que eu iria me incomodar com o fim de quem está prestes a ser condenado pela Lei?
— Se você pode ver tudo isso, então pode impedir minha queda.
— É, eu posso. Mas estou vendo a extensão das idiotices que você cometeu só por odiar a humanidade. Eu não quero me meter mais uma vez com você e pagar o seu preço.
— Você não pode fazer isso comigo!
— É claro que posso. Enquanto a lei o sustentava com fios de luz, não consegui me livrar de você, apesar de nada mais lhe dever. Agora, quando fio luminoso algum o sustenta, por que eu iria religá-lo com a lei e a luz?
— Eu imploro, Porteira!
— O risco é muito grande, companheiro. Não vou intervir por você desta vez. Não depois de ver tantos irmãos na luz serem derrubados por você, só porque não tinham outra alternativa para chegarem até os que amavam e queriam resgatar dos seus domínios. Que coisa!
— Ora, eu só protegi meus domínios.
— Desculpe-me, mas não resisto: como você é idiota, companheiro!
— Por quê?
— Meu Deus, quanta ignorância! Você, ocupando esse Trono, só tinha o direito de punir os devedores. Mas não! Só porque odeia a humanidade, usou todo o poder dele para derrubar espíritos que só queriam conquistar créditos para poderem resgatar dos seus domínios os seres amados aqui caídos. Que idiota!
— Salve-me. Eu sei que você pode!
— É, eu posso. Mas o que posso fazer agora, posso fazer mais tarde. E sem você para continuar a me incomodar, nem a derrubar outros espíritos!
— Mesmo que eu jure nunca mais atingir um espírito da luz?

— Você acha que, para a Lei, isso é o bastante?
— O que eu posso fazer é isso. O resto você poderá fazer por mim.
— O que eu poderia fazer por um condenado pela Lei?
— Devolver à luz todos os que derrubei, sãos e salvos. Você pode curá-los e enviá-los para o lado luminoso.
— Como você sabe disso?
— Eu voltei a incomodá-lo quando você e suas magias resgataram daqui espíritos da luz derrubados por mim e por meus escravos. Eu, impotente, vi tudo o que você fez, Mago. Eu o conheço! Ajude-me agora, pois sei que suas palavras têm a força de uma sentença da Lei, e que a Lei costuma falar pela sua boca em certas ocasiões.
— Assim me coloca como seu juiz e não quero ser seu executor. Este cargo você colocou na ação dos seus magos contra sua irmã.
— Por que reluta em realizar o intento que até aqui o trouxe?
— O senhor orixá que o rege virou as costas para você, companheiro rastejante.
— Mas você pode falar com ele a meu favor. Afinal, muitos Cobras Negras servem aos servos dele, não?
— Isso é verdade. Mas não são tantos assim que mereça o que me pede.
— Eu abrirei meus domínios aos caboclos dele.
— Aí já tenho um argumento mais forte. Mas, e quanto à perseguição que tem realizado aos Cobras Negras que gostariam de se elevar a um grau superior nas linhas de Lei?
— Usarei meu poder para ampará-los e nunca mais impedirei os que estiverem aptos a galgar graus mais elevados.
— Quem poderá garantir que amanhã você não mudará de ideia?
— Se eles se elevarem, muitos fios luminosos estarão me sustentando, não?
— Bem, isso é verdade.
— Então? Posso ser muito emocional, mas aprendi minha lição. Agora entendo como são as coisas.
— Bem, não posso ir de imediato até o senhor Oxóssi. Mas, enquanto isso não me for possível, verei se o meu Senhor me permite sustentá-lo em seu Trono, está bem?
— O Exu das Sete Porteiras não permitirá que você me sustente, Mago.
— Oras, como Exu, eu sirvo a ele. Mas, como Mago, o meu Senhor é Deus, o único Senhor de verdade e da verdade. Logo, é ao meu verdadeiro Senhor que estou me referindo e será a Ele que pedirei permissão, companheiro.

— Tudo bem, faça isso logo, Mago, por favor!
— Aguarde um momento, companheiro. Vou precisar que ordene aos seus escravos que nos deixem a sós.
— É para já!
Em um piscar de olhos, o local ficou vazio. Samuel, então, pediu:
— Ordene que tragam sua irmã até aqui.
O próprio Exu Cobra Negra a buscou. Ao vê-la, Samuel não se conteve e caiu de joelhos diante dela, que já havia se transformado parcialmente em um ser deformado. Olhando-a bem, exclamou:
— Hercília! É você, irmã amada?
— Samuel, mestre Samuel! — sussurrou ela.
— Sou eu, irmã querida! Aguarde um instante, pois vou orar a Deus por você.
Samuel despiu-se e, ajoelhando-se, orou a Deus. Seu corpo foi adquirindo uma coloração dourada e em sua cabeça a coroa do arco-íris foi se formando, até ficar toda irradiante e iluminar todo o lugar.
O Exu do Cruzeiro e os sete auxiliares de Samuel caíram de joelhos e curvaram o corpo até encostar os "rostos" no solo. O Exu Cobra Negra estirou-se no chão e sua cabeça de cobra ficou bem na frente de Samuel, que a tocou com a palma da mão esquerda, deixando um símbolo negativo marcado nela. Depois, tocou-a com a palma da mão direita e ele recobrou sua aparência humana que há muitos séculos havia deixado de ter.
A seguir, irradiou com a mão direita e a serpente encantada do arco-íris saiu da palma dela e rastejou até ficar sobre a cabeça de Hercília. Samuel, então, perguntou:
— Você a teme, mestra Hercília?
— Não, mestre Samuel. Ordene a ela que faça o que deve fazer para quebrar esse encanto que me reduziu a isso!
— Isso farei, irmã amada.
E Samuel fez. A serpente encantada do arco-íris picou Hercília na altura do coração e inoculou nela uma energia que foi se espalhando até encobrir todo o corpo deformado e ocultá-lo totalmente. E quando tudo se realizou, ela se levantou ainda trêmula. Ele lhe estendeu as mãos e a puxou de encontro até envolvê-la em um abraço apertado. Aí, irradiou energias que a reequilibraram. Então se levantou e a ajudou a ficar de pé, ainda abraçados.
— Melhor agora, amada irmã médica?
— Nunca me senti tão bem como agora estou me sentindo, irmão querido! Por que se ocultou dos meus olhos por tanto tempo?
— Eu não me ocultei. Apenas não lhe revelei que era um Mago do Sagrado Arco-Íris.

— Eu o observava tanto quando estudávamos juntos, e você nunca olhou para mim.

— Eu olhava, mas apenas quando você estava concentrada em algum trabalho ou em um livro. Só que nunca tive coragem de me aproximar de você.

— Por que ao menos não tentou?

— Eu não podia.

— O que o impedia?

— O meu temor de me desviar do caminho a mim reservado e de interferir no seu. Se isso eu tivesse feito, certamente agora não estaríamos aqui e tão próximos. Mas é hora de prosseguir o que foi iniciado, irmã amada.

— Deixe-me ficar só mais um instante junto de você.

— Esse instante tem de ser curtíssimo, pois se o prolongarmos, a dor dos que sofrem também serão prolongadas.

— Beije-me, Samuel!

— Beijá-la?

— Isso mesmo. Beije-me, por favor!

— Mas eu... — Samuel ia dizer que aquele não era o momento mais indicado para um beijo; mas ao olhar para a cabeça dela e ver a serpente encantada enrodilhada e a observá-lo fixamente, compreendeu que Hercília possuía uma deficiência: desde que nascera para o plano carnal como filha do atual Exu do Cruzeiro, jamais havia tocado em um homem ou espírito masculino. Todo o ser dela ansiava por aquilo naquele momento. Ou ela obtinha dele o que tanto desejava, ou continuaria deficiente emocionalmente.

Samuel envolveu-a em um abraço e a beijou com ternura até que, em um impulso, ela se colou a ele até quase se fundirem em um só ser. Aquilo não durou mais que um minuto, mas pareceu durar uma eternidade a ambos. E quando se separaram, a coroa do Arco-Íris brilhava na cabeça de Hercília. Ela havia absorvido o encantamento da serpente encantada, que agora também vivia nela. Samuel então disse:

— Agora vou vesti-la, irmã amada.

— Faça isso, querido irmão, mas saiba que poderá despir-me quando quiser ou me desejar.

— Olhe, talvez nunca mais eu consiga me esquecer do que acaba de dizer-me!

— Triste ficarei se você se esquecer do que eu disse, Samuel.

— Não quero vê-la triste, nunca mais.

Samuel vestiu-a com as energias irradiadas pela sua mão direita. E já ia se vestir quando ela pediu:

— Deixe-me vê-lo por inteiro ao menos uma vez, Samuel. Não quero me esquecer de você, nunca mais. Você é tão luminoso!

Após ela olhá-lo de alto até embaixo várias vezes, Samuel exclamou:

— Já me viu o bastante!

Vestiu-se e voltou a ajoelhar-se. Orou, até que a coroa do Arco-Íris Sagrado se apagou em sua cabeça. Aí, colocou o chapéu de abas largas e se cobriu com a capa dos Exus Porteiras, dizendo:

— Está tudo acabado.

O local voltou a ser sinistro e sombrio. Então ele se apresentou a Hercília como sendo um Exu da Porteira.

— Mas e o teu grau de médico? Não ias iniciar um hospital no Campo-Santo?

— Ia não. Eu vou!

— Quando?

— Isso não importa.

— O que importa, então?

— O teu hospital, irmã amada. Já o abriu?

— Não.

— Por que não?

— Faltaram-me condições, pois meu irmão já vinha tentando me derrubar há muito tempo. Mesmo antes de eu me incorporar àquela escola, ele já tentava isso.

— E você quase sucumbiu ao ódio dele por não querer usar seus poderes, certo?

— Eu tinha plena certeza de que o senhor Deus me sustentaria na minha maior provação. Eu não me enganei ao não usar da força para colocar meu irmão no caminho da Lei!

Hercília abraçou o irmão e ambos choraram, comovidos. Samuel virou-se para o Exu do Cruzeiro e perguntou:

— O que o amigo espera para se redimir diante dos seus filhos?

— Eu fui um canalha, amigo Mago.

— Sou seu amigo Porteira. Nunca se esqueça disso, certo?

— É assim que tem de ser?

— Isso mesmo.

— Então, mesmo contra minha vontade, assim será.

— Assim é melhor. E, quanto a ter sido um canalha, isso já não importa.

— O que importa agora, amigo Porteira?

— O que realmente importa é que nunca mais quererá ser um canalha ou se portar como tal. Isso sim é o que agora importa, pois se nada mais é a mesma coisa, no entanto nada mudou. Você continua a ter sua razão para continuar a servir à Lei como o senhor Exu do Cruzeiro e seu filho já não tem motivos para deixar de ser o Exu Cobra Negra. Quanto à sua filha, finalmente poderá ser o que nunca deixou de ser: um ponto de apoio para vocês dois.

— Tem razão, amigo Porteira. Vou reunir-me a eles e pacificar minha família.

Ali, naquele local sinistro, finalmente pai e filho se harmonizaram e deixaram de se odiar. Samuel perguntou a Hercília:

— Não escolheu ainda o lugar onde edificará com as bênçãos divinas o hospital que tem por missão abrir aos espíritos humanos?

— Antes, temos de resgatar todos os nossos irmãos e irmãs aprisionados aqui neste domínio.

— Disso cuidará nosso amigo Cobra Negra, que, de agora em diante, não só não derrubará mais ninguém, como também se alegrará imensamente em devolver à luz os que à luz pertencem. Não é mesmo, companheiro Cobra Negra?

— Tenho que continuar aqui?

— Claro, ou não foi para continuar aqui que pediu que eu intercedesse em seu favor?

— É, foi isso mesmo. Mas, assim como estou, não serei reconhecido como senhor deste domínio e, muito menos, obedecido!

— Isto não é problema, companheiro! — exclamou Samuel, levantando a mão esquerda e irradiando fortemente por ela. No instante seguinte, o jovem voltou a ter a aparência assustadora e sinistra de antes.

— Você terá de permanecer no seu posto, certo?

— Compreendo.

— A Lei ouviu-o e achou que aqui terá de permanecer, pois outro melhor que você ela, a Lei, não tem no momento para cuidar deste domínio onde são enviados os que odeiam a humanidade.

— Vou odiar ter de permanecer aqui!

— É claro que irá odiar. Mas como alguém que não odeia pode se sustentar em um Trono erigido a partir do ódio vibrado por espíritos humanos muito emocionais?

— Vou odiar a todos os que odeiam, pois agora sei que é por causa do ódio que terei de permanecer aqui, e assim, como uma cobra negra!

— Eu sei que assim será sua vida.

— Isso não afronta a Lei?

— Não, desde que só odeie os que odeiam. Não deve se esquecer de que, por odiar os que já não odiavam mais e só queriam amar, você quase foi enviado a um lugar onde o ódio não é outra coisa senão um sentimento emocional que tem vida própria e se alimenta do ódio dos que odeiam.

— O que me impedirá de voltar a agir como antes?

— Esse símbolo na sua cabeça! Caso se esqueça de que não deve derrubar quem só quer amar, começará a sentir um forte calor na sua cabeça. E se continuar a perseguir aos da luz, acabará queimando a si próprio, pois foi marcado com o fogo vivo. Isso é para nunca mais dar dores de cabeça aos guardiões da Lei.

— Antes que isso aconteça, perderei minha cabeça, não?

— Teu racional está ativo, companheiro! Vê como é bom ter um racional para acalmar o emocional?

— É, vou enviar para minha irmã todos os que aqui caíram e já não odeiam mais.

— Então grande será o hospital dela.

— Eu também tenho muitos que viraram as costas às suas cruzes e agora gemem sob o Cruzeiro central do Campo-Santo — falou o Exu do Cruzeiro.

— Por Deus! — exclamou Hercília — Então...

— Isto mesmo, irmã amada. Imenso será o teu hospital. Deus te honra imensamente por tê-Lo honrado, amando teu irmão até mesmo quando estavas sucumbindo sob o ódio dele, que tirava a vida de quem tanto o ama.

— Samuel, eu não tenho palavras para agradecê-lo.

— O que foi que o doutor Ângelo nos ensinou a fazermos quando acontecesse isso conosco?

— Que Deus o abençoe, irmão do meu amor à vida!

— Pronto. Já disse algo que resume tudo o que queria dizer-me e não tinha palavras.

— Sigam-me! Finalmente vou iniciar minha missão de Mestra da Vida no Amor!

— Nós também? — perguntaram pai e filho.

— Claro. Afinal, parte das suas vidas estará lá e eu tudo farei para que um dia, não importando quanto demore, todas as suas vidas estejam lá bem juntas da minha, que sempre estará esperando pelas suas, meus irmãos em Deus e irmãos de minha vida!

Hercília volitou até o plano material e fez surgir sua maleta de médica. Abriu-a, já com lágrimas nos olhos, e enfiou a mão direita dentro dela para, a seguir, retirá-la, segurando uma bola de luz que atirou a alguns metros de distância. Quando a bola de luz caiu no solo, explodiu em mil cores que foram se espalhando em todas as direções até formar um pórtico. Este, então, deu origem a um edifício de um branco imaculado.

Imenso era o hospital de Hercília! Samuel comentou:

— Terás um trabalho imenso aí, irmã amada. Grande é a tua vontade de servir a nosso Senhor!

— Como faço para trazer tantos irmãos já esgotados, Samuel? — perguntou ela.
— Olhe para sua cabeça, Hercília.
— O que tem nela?
— Olhe, oras!
Hercília olhou para a própria cabeça, mas não viu nada, pois era impossível ver-se. Então, Samuel disse:
— Já que isso não é possível, então ordene que ela venha até onde você possa vê-la.
— Ela quem, Samuel?
— A serpente encantada do Arco-Íris Sagrado. Agora que ela se assentou em sua coroa, ela lhe pertence.
— Eu... tenho... uma serpente encantada do Arco-Íris Sagrado?
— Claro. Tão grande foi tua prova de amor, que ela te amou assim que te picou. E o poder dela agora vive em ti para todo o sempre, irmã amada. Logo, usa o poder dela, pois só serás mais amada.
— Assim tudo é mais fácil.
— Eu não digo que seja mais fácil. Apenas, que é menos trabalhoso.
— Eu não tenho palavras, Samuel. Apenas digo: muito obrigada, irmão do meu coração!
— Bem, tenho de voltar ao meu trabalho. Boa sorte, mestra Hercília.
— Quando virá me visitar?
— Qualquer dia desses, quando menos me esperar, virei. Até a vista!
— Eu também vou reassumir meu posto sob o Cruzeiro central do Campo-Santo. Como foi de lá que saímos, por que não voltamos juntos, amigo Porteira?
— Boa ideia. De lá saímos, para lá voltamos.
— Posso pedir-lhe uma coisa?
— Claro! Amigo é para essas coisas. Do que se trata?
— Tenho em meu poder alguns auxiliares do senhor das Sete Porteiras e, como você é bom em reparar certos erros, o que acha de reconduzi-los aos domínios dele juntamente com um pedido de desculpas que o convença?
— Tudo bem. Para mim é mais fácil falar com ele que você, meu amigo.
— Diga a ele que um dia desses acabaremos nos encontrando e então pedirei desculpas pessoalmente, certo?
— Não me esquecerei disso, amigo, do e no, Cruzeiro.
— Eu sei que não se esquecerá, amigo, da e na, Porteira. Vamos, vou devolver-lhe os servos dele antes que algum fio de luz que me sustenta acabe sendo rompido por acaso ou por um descuido, sabe?

Samuel limitou-se a sorrir. E pouco depois, já de posse da falange de Porteiras, retornou ao domínio do Senhor Exu das Sete Porteiras.

— Chefe, aqui estão todos os teus auxiliares.

— Como conseguiu sair vivo dos domínios do Cruzeiro?

— Bom, eu fiz ele ver que se eu não saísse incólume de lá, nada ele ganharia em troca desta roupa que agora uso.

— Interessante, Samuel.

— Tem mais uma coisa. Ele me pediu que lhe dissesse que tudo não passou de um terrível erro. E por isso lhe pede desculpas, mas que, quando se encontrarem por aí, pessoalmente e de viva voz lhe pedirá desculpas.

— Tem certeza de que foi isso mesmo que ele pediu para você me transmitir?

— Sim, senhor. Mas, se tem dúvidas, por que não vai pessoalmente ouvi-lo?

— Não, não! Eu acredito em você, Samuel. Não seria elegante de minha parte ir até ele para exigir desculpas antecipadas. É preferível que ele me deva desculpas do que recebê-las, certo?

— Não há bem maior do que ser credor de alguém como ele, chefe.

— Por que você não devolveu essas roupas para ele e ficou só devendo o pouco uso dela?

— Ele prefere continuar como meu credor.

— Compreendo.

— Tem mais alguma missão para mim?

— Sim. Acompanhará a princesa até um local onde o curador pai Tomaz realiza alguns trabalhos para os encarnados por meio do médium dele.

— Com a princesa? A tal que não quer ouvir mais minha voz?

— Ela mesma.

— Não sei por que, mas estou achando-o muito generoso comigo, chefe!

— Eu sou assim mesmo: sou muito generoso para com meus soldados.

— Disso não tenho dúvidas, senhor. Onde a encontro?

— Logo ela estará aqui. Mas, antes que se vá, diga-me que capas são essas por baixo da que o identifica como membro das legiões das Sete Porteiras.

— Ah, isso?

— Sim, isso.

— Bem, o companheiro do Cruzeiro simpatizou comigo e, para facilitar minhas ações, presenteou-me com uma capa simbólica do Cruzeiro. Segundo ele, como posso ter de entrar nos domínios dele, então não precisarei pedir licença a ninguém, bastando cobrir-me com ela.

— Muito conveniente para você, soldado.
— Só a aceitei por também achar isso, senhor.
— E essa outra por baixo da do Cruzeiro?
— Esta foi um amigo que reencontrei. E como ele está em uma posição invejável, e de grande poder, então me presenteou com uma capa simbólica com que cobre os membros das legiões dele. Como somos amigos, disse-me o mesmo que o senhor Exu do Cruzeiro já havia me falado. Eu achei conveniente, aceitei! Mas se isso o incomoda ou desmerece sua capa simbólica, devolvo-as imediatamente.
— Não, não, isso não é conveniente só para você, soldado. Afinal, não é todo general que dispõe de alguém com trânsito livre em territórios alheios. Conserve-as, pois poderei vir a precisar que as use.
— Obrigado, senhor. És generoso para comigo.
— É, sou sim.
Nesse momento, surgiu no salão um espírito coberto com uma longa capa negra por fora e vermelha por dentro, marcada com o símbolo do Senhor Exu Rei do Cemitério.
— Quem é você, companheiro? — perguntou o senhor Exu das Porteiras.
— Sou um emissário do servo do senhor Ogum Megê, e senhor das Encruzilhadas do Cemitério.
— O que tem a dizer-me, companheiro das encruzilhadas?
— O meu senhor ordenou-me que viesse aqui para pedir ao senhor que pergunte ao teu servo Samuel se ele ainda se lembra do que ele disse ao senhor Ogum Megê quando aqui chegou, e que não seria esquecido.
— Isso é fácil — respondeu o senhor das Sete Porteiras.
E olhando para Samuel, perguntou:
— Ainda se lembra, soldado?
— Sim, senhor.
— Ele não se esqueceu, companheiro das Encruzilhadas.
— Ótimo, pois como ele tem o dia livre, então o Senhor do meu senhor o requisita para prestar serviços a ele quando não estiver a teu serviço, senhor das Sete Porteiras do Cemitério. Tem alguma objeção a uma vontade do senhor Ogum Megê?
— Nenhuma, companheiro das Encruzilhadas.
— Ótimo. Deixo em suas mãos a capa que distingue os servos do meu senhor para que teu servo se cubra com ela para melhor se movimentar nos domínios das Encruzilhadas e não ser incomodado por ninguém, pois como o meu senhor será o transmissor das ordens do senhor Ogum Megê, então só a ele teu servo se reportará.

— Esta capa com este símbolo...
— Isto mesmo — atalhou o Exu das Encruzilhadas. — Ela é a capa que distingue os executores das Sete Encruzilhadas do Cemitério. Só ao meu senhor os executores se reportam ou prestam contas.
— Tudo bem. Diga ao teu senhor que transmita ao senhor Ogum Megê que me sinto muito honrado por ter em minhas legiões um capitão digno da confiança dele, o meu senhor Ogum Megê!
— Nenhuma palavra deixará de ser dita e transmitida. Com sua licença, senhor das Sete Porteiras do Cemitério!

E, virando-se para Samuel, que estava examinando a nova capa, ordenou:

— Você se apresentará diante do Trono do meu senhor ao amanhecer do dia de amanhã, executor. Com sua licença!

O guardião das Encruzilhadas desapareceu e Samuel murmurou:
— As coisas por aqui acontecem da forma que menos esperamos!
— É, acontecem sim, capitão.
— Soldado, senhor. Só sou um soldado raso e nada mais. Afinal, o senhor me concedeu o direito da escolha de minha patente. Ou já não se lembra mais?
— É verdade, mas não fica bem para um executor o posto de soldado raso, não acha?
— Um soldado desperta menos olhares curiosos, senhor.
— Tens razão. Aqui és um soldado. Mas para o senhor das Encruzilhadas terás de te apresentar como capitão, ou ficarei mal depois de ter te chamado de capitão. Não achas?
— Acho sim. Afinal, não importa se ele venha a ter-me na conta de capitão.
— O que importa nesse caso, soldado?
— Nós dois sabermos que sou só um soldado raso, certo?
— Se você não se incomoda, para mim está tudo bem, soldado. Agora, fique no aguardo da princesa, pois tenho outros problemas à minha espera.

Samuel voltou finalmente a sua atenção ao grupo de auxiliares e indagou:
— Têm algo a perguntar ou a dizer?
— É um prazer ser sua auxiliar, chefe — falou a rainha cobra. — Não temos de fazer nada!
— Por enquanto, se entenderem o que virem, ficarei satisfeito. Quanto a fazer alguma coisa, quando estiverem aptos, então farão. Agora os quero como auxiliares para que guardem minhas costas.

Nesse momento, a princesa surgiu e, com maus modos, perguntou:
— Soldado, você já sabe o que o aguarda?

— Não, senhora.

— Eu já não disse que não desejo ouvir sua voz maldita? Só fale caso eu mande dizer alguma coisa, certo?

Samuel assentiu com a cabeça, mas abaixou a aba do chapéu para ocultar o que sentia. E, calado, ouviu tudo o que a princesa tinha a dizer-lhe. Depois a seguiu rumo ao lugar onde o curador pai Tomaz realizava seus trabalhos espirituais incorporado em um médium.

— Você ficará aqui nesta porteira e cuidará para que nada ou ninguém perturbe os trabalhos lá dentro. Compreendeu bem?

Samuel assentiu com a cabeça e ficou na calçada diante da casa. Uma hora mais tarde, começaram a chegar pessoas acompanhadas por espíritos cujas vestimentas identificavam as linhas de Umbanda a que pertenciam. E os espíritos de luz entravam, enquanto os da esquerda ficavam do lado de fora do Centro à espera do início dos trabalhos.

Quando deram início à abertura da sessão, Samuel ouviu os cantos rituais com profundo respeito e saudosas recordações, mas sem desviar sua atenção dos espíritos que entravam com os consulentes. Aos mais ousados, dizia: "comporte-se, ou daqui mesmo eu arranco você de lá de dentro! E lhe garanto que parará na ponta do meu tridente, certo?"

Tudo transcorria calmamente e Samuel estava tranquilo, quando de repente ouviu ordens dadas em voz alta e gritos de pavor. Ia abandonar o posto para ver o que ocorria lá dentro, mas lembrou-se das ordens da princesa: "Em hipótese alguma abandone o seu posto, pois sua função é do lado de fora!"

Samuel apurou a visão e viu o que ocorria: um ser antes nunca visto por ele desafiava os espíritos que trabalhavam dentro do Centro de Umbanda. E Samuel viu que os que tentavam se aproximar dele tinham suas energias absorvidas em um piscar de olhos e caíam ao solo. Mas isso não era tudo. O ser possuía umas garras longas e afiadas e, com elas, golpeava e cortava os espíritos que chegavam muito perto. E uma das atingidas foi justamente a princesa. A garra abriu vários cortes profundos desde o peito até a altura dos joelhos dela.

Samuel viu que os Exus e Pombagiras nada conseguiam com seus tridentes, lanças ou espadas apontadas contra a criatura. Viu a princesa rastejar de costas até sair do alcance das garras afiadas e, gritando, chamá-lo:

— Porteira! Estúpido Porteira, venha aqui imediatamente!

No mesmo instante, Samuel já a ajudava a se levantar e ouvia ofensas e mais ofensas por ter deixado entrar no centro uma criatura como aquela. Não mais se contendo, explodiu:

— Ao inferno com seu ódio, princesa. Esse companheiro não passou pela porteira para chegar aqui. Ou você não percebeu que isso aí não é um espírito humano, mas sim um ser elemental totalmente desequilibrado?
— Tire-o daqui imediatamente, seu estúpido!
— Só o senhor dele poderá tirá-lo daqui, creio eu.
— Pois trate de tirá-lo daqui e depois vá acertar contas com o senhor dele. Isso é uma ordem!!!
— Tudo bem, vou ver o que posso fazer.

Samuel observou por algum tempo aquele ser e, depois de identificá-lo, estabeleceu comunicação com ele:
— Companheiro, por que vieste até aqui?
— Meu senhor ordenou que eu acabasse com este centro.
— Por quê?
— Isso é com ele. Eu só executo as ordens que recebo.
— Preciso saber por que o teu senhor deseja fechar este centro.
— Por quê?
— Oras, para saber se é justa ou não a razão dele! Você me acompanha até os domínios do seu senhor?
— Você não sabe quem é ele, Exu.
— Sei sim. Se você quiser continuar aqui, irei sozinho para descobrir se é justa ou não a razão dele. Só que não creio que ele vá ficar satisfeito em saber que você preferiu ficar aqui enquanto fui ter com ele.
— Ir contigo ou permanecer aqui, para o meu senhor pouco importa, Exu.
— Está enganado, pois, caso a razão dele não seja justa, lá mesmo ele será fulminado por mim.
— Você, um insignificante Exu, fulminará o meu senhor? O mais poderoso dos Senhores das Trevas?
— Isso mesmo. Se duvida, permaneça aqui até eu voltar com ele em minha mão ou ao meu lado.
— Isso eu quero ver, Exu!
— Tudo bem. Mas até eu voltar, você poderia me aguardar lá na porteira?
— Por que eu faria isso?
— Oras, agora a coisa é entre você e eu, não?
— É, é entre nós dois. Mas acho melhor acabar com você agora mesmo e pouparei o incômodo ao meu senhor.
— Mas, se isso fizer, não saberá se foi justa ou injusta a razão do seu senhor, certo?
— Isso pouco me importa, Exu.
— Por quê?

— Eu executo as ordens do meu senhor.

— Então vou ter de levar você comigo, quer queira, quer não, pois pressinto que bastará eu sair daqui para você continuar a incomodar os trabalhos por aqui.

— Tente Exu!

— Acho que a razão do teu senhor não é justa, companheiro. É, a razão dele é injusta mesmo, pois estou vendo que ele tinha intenções nada boas quando te enviou até este centro. Vamos?

— Vamos aonde?

— Até o teu senhor, oras.

— Vou cravar minhas garras em seu corpo e vou sugar todas as suas energias, Exu!

— Será? — perguntou Samuel, levantando a mão esquerda espalmada. E irradiou um tipo de energia que apavorou a tal criatura que, toda desarmonizada vibratoriamente, desapareceu imediatamente.

Samuel então tirou de dentro do bolso da calça uma pedra amarela e perguntou a um espírito, caído no solo e todo rasgado, se queria ajuda. Como a ajuda foi aceita, imediatamente a pedra foi passada por cima dos rasgos profundos e eles foram fechados. O corpo dele ficou como era antes, não restando nem cicatrizes.

E se formou uma fila de feridos para serem curados por aquela pedra misteriosa do Exu da Porteira, que rapidamente os curava. Até os espíritos da direita aceitaram ter aquela pedra passada por cima de seus ferimentos. Mas quando só restou a princesa, esta falou:

— Pode deixar que eu mesma me curo, Porteira!

Samuel deu de ombros e entregou-lhe a pedra. Mas ela a passou e passou e nada de curar-se. Então, irritada, perguntou:

— Que droga de pedra é esta que não fecha os meus ferimentos?

— O segredo desta pedra não está nela, princesa.

— Onde está ele, Porteira?

— No dono dela, que sou eu mesmo. Dê-me minha pedra!

— Em meu corpo você não tocará.

— Tudo bem. Mas devolva minha pedra, por favor.

— Tome esta coisa inútil.

Após pegá-la, Samuel disse:

— Agora ela está inútil mesmo, pois você a desarmonizou energeticamente, princesa. Só poderei usá-la daqui a sete dias. Que pena!

— Pena por quê?

— Oras, eu poderia precisar dela para curar quem quisesse ser curado, não é mesmo? Mas, paciência! Daqui a sete dias ela estará reenergizada novamente. Agora, com sua licença, pois preciso terminar o que iniciei aqui.

— Onde pensa que irá?

— Vou até o senhor daquela criatura, oras!

— Quem ordenou que fizesse isso ou que deixasse seu posto antes do dia amanhecer?

— Princesa, aquele ser voltará aqui e não virá só, acredite-me.

— Não sei o que você fez para assustá-lo. Mas, do jeito que ele fugiu, aqui não retornará mais. Portanto, volte ao seu posto e não incomode mais os trabalhos aqui realizados.

— Se assim deseja, que assim seja.

Antes de se retirar, Samuel olhou para onde estava o curador pai Tomaz. Como nada ele perguntou ou transmitiu, abaixou a aba do chapéu sobre o rosto e voltou ao seu posto. E tudo transcorreu em paz até o final dos trabalhos.

Mas, assim que os médiuns encerraram os trabalhos, o inferno brotou do solo como um vulcão explodindo e levou consigo todos os espíritos que ali estavam. Até os guias foram tragados pela poderosa força que atuou ali violentamente.

O mais estranho é que tanto Samuel e seus auxiliares como os outros Exus e Pombagiras na calçada não foram arrastados quando tudo se recolheu terra adentro. Só com uma olhada, Samuel viu a extensão do que havia acontecido e, imediatamente, volitou até onde estava o senhor Exu das Sete Porteiras para lhe comunicar o ocorrido. Quando terminou o relato seu chefe perguntou:

— Quem é o sujeito?

— Se não errei na minha identificação, o grande das trevas é o Sete Cabeças.

— Ó não!!!

— Pode ser que eu tenha errado, chefe.

— Não errou não. O curador Tomaz me pediu outro auxiliar, pois o anterior havia caído sob o poder dele, o temível Sete Cabeças. Mandei a princesa, achando que ela poderia cuidar do interior e você do exterior. Mas, se você agiu bem, ela cometeu um erro muito caro, pois pagou com muitas vidas dedicadas à caridade.

— Eu não podia desobedecê-la, chefe.

— Eu sei. Quebraria a hierarquia.

— Isso mesmo. Eu até pensei em deixar os meus auxiliares cuidando da porteira enquanto ia ter com ele, mas sabia que ela iria exigir minha cabeça ao senhor.

— Você agiu certo, soldado. Eu o compreen...

E mais ele não falou, pois uma explosão terrível e ensurdecedora ecoou no salão. E surgiu um emissário do senhor Omolu, o senhor de todas as trevas do Campo-Santo. Imediatamente, Samuel, os seus auxiliares e o senhor da Porteira se ajoelharam e cruzaram o solo em sinal de respeito.

— Venham comigo, servos do meu Senhor! — ordenou ele, levando todos até o Cruzeiro central, onde estava o orixá Obaluaiê a iluminá-lo e a aguardá-los.

Todos imediatamente se debruçaram no solo em sinal de respeito e assim permaneceram, enquanto a Samuel era perguntado:

— Ainda se lembra das palavras ditas por você a mim, Samuel?

— Sim, meu senhor. Eu disse: "Se, com o que em mim existir, eu puder ser útil a vós, meu Senhor, então permita que eu o honre com o que de melhor em mim existe, pois honrado me sentirei em poder servi-lo".

— Honre-me, filho meu.

— Como, meu senhor?

— Vá até aquele que ousou ultrapassar seus limites e perturbar o solo de uma Tenda que é uma extensão do Campo-Santo e por isso está dentro dos meus limites. Traga-o até este Cruzeiro antes que esta noite termine.

— Vossas ordens são minhas vontades, vossas vontades são meus desejos, e vossos desejos são minhas ordens a serem cumpridas e minhas vontades a serem realizadas, meu senhor.

— Vá, filho meu! — ordenou o orixá Obaluaiê a Samuel, que volitou e mergulhou nas trevas mais profundas ao encontro do poderoso Sete Cabeças.

Em um piscar de olhos, tanto ele quanto seus auxiliares estavam diante de um dos mais poderosos tronos das trevas. E foi com uma gargalhada infernal que foi recebido.

Samuel deu uma olhada em volta e viu muitos seres semelhantes ao que estivera no centro. Abaixou a aba do chapéu e disse:

— É a primeira vez que vejo um condenado rir quando da chegada daquele que o conduzirá ao encontro de seu fim. Não é estranho, companheiro?

— Sabe quem sou eu, Exu?

— Sei. E você, sabe quem sou eu, companheiro de destino?

— Se não me engano, és um insignificante Exu das Sete Porteiras.

— Justamente isso é o que sou, mas com algo especial, ainda que seja só um detalhe.

— Que detalhe é esse, Exu?

— Cumpro ordens do meu senhor Obaluaiê.

— Por que ele não enviou o seu braço armado?

— Para ele, o meu senhor, és tão insignificante que ele enviou um Exu insignificante para conduzir-te aos pés do Cruzeiro central a fim de punir-te por invadir um solo que é uma extensão do Campo-Santo.

— Jamais me diverti tanto como com o que está acontecendo agora, Exu!

— Se eu fosse você, riria menos e usaria alguma das suas cabeças para ver o que está acontecendo em seus domínios, companheiro.

Após uma rápida observação, o Sete Cabeças perguntou:

— Que fogo é este que envolve os meus domínios em todos os sentidos?

— Eu o cerquei com o fogo vivo para que nem você nem seus servos escapem daqui. E, olhe melhor, pois a aura ígnea está avançando para dentro, direto para você, que é o centro do seu domínio.

— Meus escravos podem atravessar essa barreira ígnea, Exu!

— Por que não tentam, companheiro?

— Vou ordenar isso imediatamente, Exu. Quando eles voltarem, ordenarei que acabem com você, certo?

— Se voltarem, faça isso, companheiro de destino!

A criatura ordenou, e aqueles seres elementais volitaram para atravessar o envoltório ígneo. Mas apenas uns sons estranhos foram ouvidos antes de muitos ovoides caírem aos pés de Samuel, que falou:

— Eis o que restou dos teus auxiliares, companheiro. Quais serão os próximos que tentarão escapar do envoltório ígneo?

— Maldito, o que fez com meus escravos?

— Sem ofensas, certo?

— O que fez a eles, Exu?

— Eu, nada. Mas o fogo os consumiu e só deixou restar as sementes originais deles. E isso será o que restará de todos aqui, caso você não me siga pacificamente até os pés do Cruzeiro. Vamos?

— Prefiro ser consumido aqui que ser punido aos pés do Cruzeiro. Lá, é um castigo pior.

— Talvez não, se você devolver antes os servos do meu Senhor.

— Como? Se ninguém atravessa essa barreira ígnea?

— Você não atentou para o detalhe que citei.

— Que detalhe é este?

— Este insignificante Exu tanto pode abrir a porteira de saída como a de entrada nesse invólucro ígneo.

— Mesmo assim, serei punido quando lá chegar.

— Olha para os teus auxiliares. Será que eles aceitam ser queimados contigo quando só tu serás punido?

— Meus escravos fazem o que ordeno.

Samuel olhou de soslaio para os assustadores escravos do Trono das Sete Cabeças antes de dizer:

— Não seria melhor você se certificar disso, companheiro?

— Eles me temem tanto que preferirão permanecer aqui a debandar.

— Vamos tirar minhas dúvidas?

— Como?

— Oras, eu sou a porteira e você é meu prisioneiro que irá comigo até o pé do Cruzeiro. Mas como o meu Senhor só me ordenou que levasse você, então nada os impede de ir por meio de mim até o senhor Omolu e pediram clemência, ficando livres de sua sina.

Após Samuel dizer isto, o salão entrou em uma agitação total com os escravos do Sete Cabeças discutindo entre si se convinha ou não aceitar a proposta do Porteira. Quando o silêncio voltou a reinar, um dos mais próximos falou:

— Poderoso, eu o adverti de que o senhor estava perdendo a noção das coisas ao desafiar o senhor do Campo-Santo. Agora que temos certeza de que noção alguma tem mais, preferimos aceitar a oferta dele e ir ter com o senhor Omolu a perecer com o senhor, que, apesar de ter sete cabeças, perdeu-se com todas elas.

— Malditos traidores. Vou fulminá-los imediatamente!

— Espere um pouco, companheiro. Caso você faça isso, então estará tirando de um deles a oportunidade de vir a ocupar este Trono depois que você desocupá-lo.

— E daí?

— Oras, você sabe o que acontece com quem ousa deixar vazio um Trono das Trevas?

— O que pode ser pior que ser reduzido à semente original?

— O pior que conheço é ser atormentado nela por ele.

— Ele quem?

— Ele, oras!

— Quem é esse "ele" a que você se refere, Porteira?

— Tem certeza de que quer vê-lo?

— Só vendo-o saberei a quem se refere.

— Tudo bem. Vou espalmar minha mão esquerda e você o verá, certo?

— Espere, Porteira! — clamou o Sete Cabeças, já saindo do Trono e se jogando aos pés de Samuel.

— O que aconteceu contigo, companheiro?

— Não espalme sua mão esquerda para mim. Eu ouvi o escravo que enviei para atormentar o solo do seu Senhor antes de ele se desagregar todo pelo pavor que sentia. Eu não quero ver "ele" nem quero que "ele" olhe para mim.

— Então, como ficamos?

— Eu vou contigo sem opor resistência alguma.

— Por que antes você não liberta todos os servos do meu Senhor que estão aprisionados aqui?

— Isso adiantaria algum crédito para mim, um devedor do teu Senhor?

— Acredito que sim, companheiro.

— Mas se ele vir o estado a que foram reduzidos, irá me punir com muito mais rigor.

— Acho que nem tudo está perdido. Posso ajudá-lo nesse sentido, isto é, caso você queira, certo?

— Quero sim!

— Então ordene que eles comecem a ser trazidos aqui, pois só tenho até o amanhecer para conduzir você ao pé do Cruzeiro central, onde é aguardado. O tempo agora está contra você, companheiro!

Imediatamente o Sete Cabeças deu ordens e os aprisionados naquela noite logo estavam estendidos no solo negro do salão. Todos estavam reduzidos a esqueletos cobertos por uma pele enrugada. Samuel, então, disse:

— Companheiro, você é louco mesmo! Como é que foi arranjar servos que se alimentavam das energias vitais dos espíritos? Não percebe que mais tempo menos tempo eles irão começar a absorver as suas energias?

— Eles me obedeciam, Exu.

— Porque convinha a eles, companheiro. Quando você não tivesse mais espíritos para alimentá-los, eles começariam a absorver as energias dos seus escravos humanos, assim como as suas. E isso é uma idiotice muito grande, não?

— Agora que consigo pensar a partir de sua explicação, acho que não sou digno de nenhuma das minhas sete cabeças.

— Foram muitos os espíritos humanos que você arrastou para cá para alimentarem seus escravos?

— Muitos, companheiro da Porteira!

— Isso é mais grave do que pensei. Mas talvez eu consiga minorar sua punição, certo?

— Como fará isso?

— Bem, reenergizando-os, oras!

— Fará isso por mim?

— Claro! Afinal, somos companheiros de destino, não?

— Claro, companheiro Porteira! Nunca me esquecerei do que fará por mim só para tornar menos severa minha punição aos pés do Cruzeiro. Como fui idiota em acreditar que aqueles seres poderiam derrotar o poderoso Omolu!

— Recuso-me a acreditar no que ouço. Você queria derrotar o senhor Omolu?

— Sim.

— Que loucura! Você não sabe que ele é um instrumento da Lei e, portanto, intocável?

— Eu sabia disso. Mas por ele ter intervindo contra muitos trabalhos negativos encomendados aos meus escravos, aceitei a oferta de ajuda daquelas criaturas a troco de alimentá-las com a seiva vital dos espíritos. Cometi um erro tremendo, não?

— Acho que sim. Mas não creio que ele se incomodou muito contigo, pois enviou um "Exu insignificante" para levar-te ao pé do Cruzeiro.

— Será que tenho alguma chance de não ser fulminado pelo alfanje dele?

— Analisando teu caso de outro ângulo, creio que muitas são as chances de ainda salvares tuas cabeças e talvez... teu posto nesse Trono.

— Será?

— Como posso ter certeza do que acontecerá quando chegarmos lá? A mente superior deles não me permite sequer imaginar o que ocorrerá. Mas em todo caso...

— Em todo o caso o quê, companheiro da porteira?

— Como você foi enganado por aquelas criaturas, talvez isso seja levado em conta no seu julgamento e tenha uma punição até que aceitável.

— Você acredita nisso?

— Claro! Se eu não acreditasse, não estaria dizendo-lhe isto, pois só estaria lhe dando falsas esperanças ou iludindo-o.

— Então se apresse na reenergização desses servos do seu Senhor, companheiro da Porteira.

— Olha que estou me tornando seu fiador perante meu Senhor, companheiro!

— Tudo bem, pois se eu sair ileso e ainda conservar meu Trono, meus domínios estarão abertos a todas as suas necessidades, sejam elas quais forem.

— Se é assim, então não pouparei esforços para atenuar tua sentença. Afastem-se, pois vou dar início à reenergização dos servos do meu Senhor — pediu Samuel, enquanto retirava de um bolso do paletó um bastão multicolorido.

Elevando-o acima da cabeça, irradiou forte, fazendo com que do bastão saíssem energias multicoloridas diretamente para os espíritos estendidos no solo, os quais imediatamente foram reenergizados e readquiriram suas aparências anteriores. Samuel guardou o bastão e ajudou-os a se levantarem. A seguir, ajoelhou-se diante do curador pai Tomaz e cruzou o solo diante dele, dizendo:

— Curador, como ainda tenho de permanecer aqui por mais algum tempo, o senhor pode me fazer um favor?

— Que favor, filho?

— Vá até o Cruzeiro e transmita ao nosso senhor Obaluaiê que o companheiro Sete Cabeças compreendeu que havia perdido os sentidos nas sete cabeças e estava louco. Mas agora que voltou a pensar com o racional em vez do emocional, antes de ir ao Cruzeiro central deseja devolver aos lugares de origem, e nas mesmas condições em que se encontravam, todos os espíritos humanos que prejudicou enquanto esteve louco. Mas que, assim que todos forem devolvidos, irá de livre e espontânea vontade, pois reconheceu que é mais insignificante que o mais insignificante dos Exus que servem à Lei sob o manto protetor do senhor do Campo-Santo.

— Só isso, filho?

— Nem mais nem menos, curador que me compreende e me iniciou na arte de curar os enfermos para que um dia eu venha a me tornar um curador.

— Estás apreciando os primeiros ensinamentos de tua iniciação, filho?

— Ainda não tive tempo de refletir. Mas tenho certeza de que têm sido úteis.

— Então persista, filho! Se longo e árduo é o caminho que um iniciante tem de trilhar, no entanto gratificado será quando puder olhar para trás e ver os rostos sorridentes e irradiando amor que estarão voltados para você, olhando-o.

— Se o senhor diz isso, então nada irá me desviar do meu intento em tornar-me um curador, pai Tomaz.

— Assim espero, filho. Agora vou transmitir as tuas palavras. Depois cuidarei dos meus afazeres, que são muitos e estão à minha espera neste momento.

— Sua bênção, pai Tomaz!

— Se mais eu pudesse dizer-lhe, mais aqui mesmo lhe diria. Mas como sinto que não posso, então digo: que nosso Senhor o abençoe!

— Mais que isso não desejo ouvir do senhor. Obrigado!

— Até a vista, filho.

— Até, pai Tomaz.

Assim que os espíritos engolidos pelo vulcão do Sete Cabeças se foram, ele exclamou aflito:

— Puxa, pensei que você não ia mais parar de conversar com aquele curador!

— Por que tanta preocupação?

— Oras, o tempo está contra mim, companheiro! Ou já se esqueceu de que antes do dia amanhecer tenho de me apresentar aos pés do Cruzeiro?

— É mesmo! Onde estão os outros espíritos esgotados pelos seus ex-escravos?

— Em vez de trazê-los aqui, por que não vamos até onde eles estão? Você os curará de uma só vez com esse seu bastão mágico?
— São tantos assim?
— Não quero nem pensar no tanto que são. Vamos?
— Você na frente, companheiro Sete Cabeças!

Foram a uma câmara que parecia não ter mais fim, e Samuel ficou chocado com o que viu. Apanhou o bastão e, elevando-o acima da cabeça, irradiou forte o bastante para alcançar todos os espíritos exauridos energeticamente pelos ex-escravos do Sete Cabeças. E, vendo-os bem, falou:

— Irmãos, todos podem voltar aos seus lugares de origem, pois o senhor das Sete Cabeças não quer que aqui sofram ou permaneçam. As causas que até aqui os conduziram já não existem mais e ele não tem razões para voltar a incomodá-los. Acompanhem-nos até o salão do Trono dele, pois só a partir de lá é que poderão volitar de volta às suas moradas.

Não demorou muito para que no salão se formasse um portal de saída daquele domínio nas trevas mais densas. Demorou um pouco, mas finalmente todos saíram, menos um, que Samuel chamou:

— Mestre Alberto, é o senhor mesmo?
— Sim, irmão curador. E você, quem é?
— Sou eu! — exclamou Samuel, levantando a aba caída do chapéu que usava.
— Samuel! — exclamou feliz o mestre Alberto. — Como me alegro em vê-lo, irmão do meu coração!
— Também fico feliz em reencontrá-lo. Só sinto que tenha passado por maus momentos.
— Isso também faz parte da missão de um mestre, não?
— É, isso também faz parte. Como foi que vieste parar aqui?
— Bem, eu ousei vir até aqui para propor ao ocupante desse Trono que permitisse que eu resgatasse os espíritos devedores da Lei que para cá haviam sido enviados para esgotarem seus negativos. Mas, assim que cheguei, fui cercado e esgotado por uns seres desconhecidos por mim.
— Quem o convidou a vir até aqui?
— Segundo aquele sujeito ali, havia sido o senhor do Trono das Sete Cabeças quem me convidava.

Samuel olhou para o sujeito e perguntou:
— É verdade que o companheiro Sete Cabeças o enviou para convidar meu amigo para que ele resgatasse os espíritos aqui caídos e esgotados?
— É sim, Porteira. Só cumpri minhas ordens.
— Então isso significa que as portas deste domínio estão abertas para você, mestre Alberto. Boa sorte na sua missão!

— Obrigado, mestre Samuel. Que Deus o abençoe!
— A você também, irmão amado!
— Quando puderes, vá visitar-me no hospital que ganhei do nosso senhor.
— Assim que me for possível, irei, mestre Alberto. Boa sorte!
— Boa sorte para você também, mestre Samuel.
Assim que o mestre volitou, o Sete Cabeças exclamou:
— Você está querendo ver meu fim, companheiro?
— É claro que não.
— Então por que se demora tanto?
— Oras, eu não disse que iria tentar atenuar tua sentença?
— Sim, você disse.
— Pois é o que estou fazendo. Ou não será um bom argumento você dizer que convidou o mestre doutor Alberto a resgatar dos seus domínios todos os espíritos caídos e já esgotados em seus negativos?
— Bom, isso é uma boa razão para eu permanecer no Trono!
— Também acho. Sinto que você não negará nada ao mestre Alberto, pois ele é um fiador seu muito importante, certo?
— Tão importante quanto você, companheiro Porteira!
— Ótimo. Agora vou recolher o envoltório ígneo para irmos aos pés do Cruzeiro.
Samuel retirou de um dos bolsos da calça outro bastonete e o levantou. Imediatamente, um facho ígneo começou a fluir para o bastonete de cristal. Quando cessou, disse:
— Estou pronto para acompanhá-lo, companheiro. Boa sorte em tua defesa!
— Amigo da Porteira, se tiver a oportunidade de dizer algo por mim, por favor, diga, está bem?
— Não tenha dúvidas sobre isso, companheiro Sete Cabeças. Vamos?
— Vamos.
Em um piscar de olhos estavam debruçados diante do Cruzeiro. Samuel, então, falou:
— Meu senhor, sua ordem foi cumprida, ainda que tenha demorado um pouco.
— Qual a razão da demora?
— A verdade é que eu tive de despertá-lo do domínio de uma ilusão. E quando ele recobrou os sentidos, e antes de se apresentar diante do senhor, pediu-me que reparasse parte dos erros cometidos por ele quando havia perdido o sentido real do Trono das Sete Cabeças. Como calculei que antes do amanhecer teria reparado parte dos erros dele, então os reparei. Sinto muito se, por acaso, eu tenha desagradado, senhor meu.

— Qual foi o limite de tempo que lhe dei, filho meu?
— O amanhecer seria o limite, meu senhor.
— Já amanheceu?
— Aos meus olhos, ainda não.
— Então não desagradaste ao teu Senhor com tua demora, pois apenas me desagradarias se só retornasses após o amanhecer.
— Vossa compreensão para comigo muito me honra e só faz eu desejar poder servir-vos mais e mais com o que de melhor trago em mim mesmo.
— Você disse que ele estava sob o domínio de uma ilusão?
— Sim, meu senhor.
— Se você conseguiu despertá-lo, então tem recursos para impedi-lo de cair novamente sob o domínio de outras ilusões, não?
— Tenho sim, meu senhor.
— Então lance mão de um dos seus recursos que o impedirá de voltar a perder a noção real dos sentidos das Sete Cabeças, cuja coroa ele ostenta enquanto ocupante de um Trono da Lei das Trevas.
— Isso ordena, meu senhor, isso faço em nome do meu senhor!
Samuel levantou-se e disse:
— Levante-se, companheiro. Vou lançar mão de um dos recursos que possuo que irá impedi-lo de cair novamente sob o domínio da ilusão.
O senhor do Trono das Sete Cabeças pôs-se de pé e Samuel levantou a mão esquerda, fazendo sair dela sete fachos que atingiram as sete cabeças ao mesmo tempo e arrancaram sete urros de dor.
— Pronto, companheiro. Não doeu muito, doeu?
— Só um pouco, companheiro da porteira. O que você fez por mim?
— Marquei com fogo vivo os sete símbolos da Lei nas Trevas nas tuas sete cabeças. Com isso, tuas cabeças jamais voltarão a cair sob o domínio das ilusões, pois bastará uma só das tuas cabeças se deixar iludir e todas as sete começarão a doer e a esquentarem. Com isso tão perto de tua mente, teu racional afastará imediatamente qualquer ilusão, por mais atraente que ela seja.
— Obrigado, companheiro. Nunca me esquecerei do que fez por mim.
— É, tenho certeza de que não irás esquecer ou esquecer-me. E não se esqueças de agradecer ao meu senhor por ter enviado a mim e não ao senhor Omolu para despertá-lo do domínio de uma ilusão, pois se isso tivesse ocorrido, agora não estaria aqui.
— É permitido a mim saber onde agora eu estaria?
— Se não me engano, nem saber onde estaria iria poder saber ou ter noção.
— Por quê?

— Imagina o que aconteceria contigo caso aquele alfanje do senhor Omolu ceifasse tuas sete cabeças com um só golpe, e de uma vez por todas.

— Prefiro me ater à razão e deixar de imaginar coisas, companheiro da porteira.

— Por quê?

— Bom, se não estou enganado, tuas palavras parecem ter a força de uma sentença final. Logo, um fim para mim, não quero sequer imaginar! Eu torno a repetir: tuas palavras parecem ter a força da Lei e, se eu não estiver enganado, de agora em diante vou deixar de imaginar coisas e raciocinar sobre certas coisas que esta noite vi e vivi.

Como não sou digno de me dirigir ao teu senhor, pois sou mais insignificante que o mais insignificante dos Exus que o servem no Campo-Santo, então te peço que transmita a ele que estou e serei sempre grato por ter ele enviado um dos servos dele para livrar-me do domínio de uma ilusão que estava me afastando do real sentido do Trono que ocupo e estava me conduzindo ao encontro de um fim que, espero, nunca venha a ser o meu.

— Tens mais alguma coisa a dizer-me para que eu transmita a ele?

— Não. Só o que acabo de dizer, nem uma palavra a mais ou a menos.

— Assim farei, companheiro.

Samuel voltou a deitar-se e, mentalmente, transmitiu as palavras do senhor do Trono das Sete Cabeças. A seguir, falou:

— Companheiro, já transmiti o que me pediu. Ele ordena que você se retire do solo do Campo-Santo e nunca mais adentre nele se não for por uma das porteiras dele, e ainda assim, só se respeitar aquele que a estiver guardando, pois mesmo que seja o mais insignificante dos servos dele, no entanto estará protegido pelo seu manto negro e será defendido pelo seu alfanje da morte.

— Assim será, companheiro Porteira. Com sua licença!

— Licença para você se retirar do Campo-Santo em paz o meu senhor já lhe concedeu. Vá em paz com a morte e em paz com você a morte estará!

O Sete Cabeças desapareceu assim que Samuel se calou. Como estava deitado de bruços, sentiu que era tocado na nuca por algo macio e ouviu o som de algo que foi depositado do seu lado esquerdo.

A luz que iluminava o solo desapareceu e, logo a seguir, um estrondo anunciou que o senhor Omolu também se fora. Samuel ajoelhou-se e cruzou o solo à frente antes de ver, curioso, o que causara aquele som.

Um manto negro e um alfanje, iguais aos do senhor Omolu, estavam depositados à sua esquerda. Respeitosamente recolheu o manto e o alfanje

e volitou para o salão principal dos domínios das Sete Porteiras, onde seu chefe o aguardava, e foi logo lhe perguntando:
— Como é que foi com o Sete Cabeças, soldado?
— Tudo bem, chefe.
— Foi difícil lidar com ele?
— Não, senhor. Mas que foi interessante, ah, isso foi!
— Nada como ver um soldado que aprecia as missões que realiza. Agora, se não me engano, está na hora de você ir até o senhor das Sete Encruzilhadas, não?
— É mesmo! Quase ia me esquecendo disso. Com sua licença, senhor.
— Não se esqueça de que na próxima segunda-feira terá de acompanhar a princesa até a tenda do pai Tomaz.
— Disso não me esquecerei.
— Posso saber por que você deixou a princesa toda retalhada se podia tê-la curado com seu bastonete mágico?
— Eu, quando o usei, ordenei que deixasse cada um deles como estavam antes do momento em que foram arrastados pelo amigo Sete Cabeças. Logo, como ela estava daquele jeito, daquele jeito continuará. Afinal, foi um pedido geral que fiz ao meu bastonete mágico.
— Compreendo.
— Sinto que compreende, chefe. Afinal, tenho meus princípios que me regem e impedem-me de dar a alguém o que esse alguém não quer ou não está apto a receber. Tudo é só uma questão de princípios.
— Também compreendo isso, soldado. Agora vá, pois alguém o aguarda ansioso por conhecê-lo pessoalmente.
— Com sua licença.
Samuel foi ao encontro do Senhor Exu Rei das Encruzilhadas do Cemitério que, ansioso, aguardava-o. Mas quando viu de quem se tratava, exclamou:
— Você é o tal Samuel?
— Eu mesmo, chefe. Parece que o senhor já me conhece ainda que eu só o conheça de nome.
— É isso mesmo, Samuel. Está vendo este corte no meu peito e que teima em não fechar?
— Estou vendo sim.
— Saiba que foi você quem o fez.
— Deve ter havido uma razão, não?
— Houve sim.
— Ela ainda existe?
— Não.

— Então não há razão para continuar a ostentar uma lembrança dolorida dela, certo?

— Como não me lembrar, se esse corte não me deixa esquecê-la?

— Caso permita, apago em um instante uma recordação amarga do tempo em que me deixei guiar pela emoção em vez da razão. Permite-me?

— São poucas as coisas que permito, e reparar um choque do passado está entre elas, Samuel.

— Entre as coisas que me permito, reparar meu passado é a principal delas, senhor das Encruzilhadas. Desculpe-me por ter me excedido. Afinal, eu estava dominado pela emoção e pela ilusão de que podia fazer tudo sem nunca ter de prestar contas dos meus atos.

— Sabe, se o senhor Ogum Megê não tivesse intervindo, não seria comigo que agora estaria falando. Você quase que me fez cair desse Trono!

— No fim, a justiça se impõe, não?

— É sim. Por isso, também peço que me desculpe, pois achei que podia derrubá-lo sem ter de prestar conta dos meus atos.

— Eu também estava dominado pela ilusão, executor!

— Chefe, por que é que essas coisas acontecem com a gente?

— Não sei, executor. Mas alguém deve ter suas razões para tudo isso permitir, não?

— É, alguém as tem. E, como não as conhecemos realmente, é melhor apagarmos de nossas lembranças certas recordações nada boas, certo?

— Certíssimo, executor. Por favor, fecha com teu dom de curar esta recordação amarga de um tempo que a ilusão nos dominou.

— Farei isso com imenso prazer, chefe. Com sua licença, pois vou passar a ponta do meu dedo indicador direito sobre o corte e fechá-lo.

— Você consegue isso só com o dedo indicador?

— Sim, mas tem de ser o da mão direita, sabe?

— Isso significa que se o da direita fecha, o da esquerda pode abrir, certo?

— É sim.

— Se assim é, então o que você não será capaz de fazer com toda a sua esquerda?

— Isso já é um mistério para mim, chefe.

— Que prefiro nunca vir a ter o desprazer de conhecer estando em sentido contrário à tua esquerda, executor.

— Se deseja isso, tenho certeza de que de frente à minha esquerda nunca estará posicionado, chefe.

— Não tenha dúvida disso, executor. Afinal, suas palavras têm o dom da profecia. Eu ainda me lembro de você quando disse: "um dia acertaremos as nossas contas". E isso foi dito há muito tempo, executor!

— A mim parece que só me resta fechar esse corte em seu peito para que fechemos o livro onde nossos créditos e débitos estão anotados.
— Então feche logo esse livro, executor. Depois, queime-o para que nunca mais ele seja aberto e outros acertos venham a ser lembrados.
— Imediatamente!
Samuel encostou o dedo indicador direito em um dos extremos do corte profundo e o correu sobre toda a extensão dele. Quando chegou ao outro extremo do corte, este já não existia mais. O outro então pediu:
— Poderia fazer-me um favor?
— Que favor?
— Poderia apagar todas essas outras cicatrizes em meu corpo?
— Isso é fácil, chefe. Feche os olhos e só os abra quando eu tiver eliminado todas elas.
O Exu Rei fechou os olhos e Samuel irradiou um pouco com a mão direita, dizendo a seguir:
— Pronto, já as apaguei, chefe! Só não atino com a razão de não querer ostentá-las se, por aqui, cicatrizes são motivo de orgulho.
— Vendo-as, eu não conseguia fechar livros de acertos de contas já acertadas.
— Compreendo. Agora que tudo entre nós já foi acertado, no que posso servi-lo?
— Terá de ir socorrer uma tenda de Umbanda e executar todos os que a estão incomodando.
— Vou sim. Onde ela fica?
— A Pombagira das Sete Encruzilhadas do Cemitério, que lá assiste os trabalhos à esquerda, o levará até ela e lhe relatará o que tem ocorrido de estranho por lá.
— Onde encontro essa moça?
— Vire-se e terá encontrado, executor.
Samuel virou-se e recuou um passo para melhor ver a imponente Pombagira das Sete Encruzilhadas. Era uma mulher de uma beleza incrível, além de estar totalmente nua, só usando uma capa vermelha, um par de botas negras e um cetro na mão esquerda.
— Será que vou ter cabeça para acompanhar tanta beleza sem vir a perdê-la? — perguntou Samuel para si mesmo. Mas como ela ouviu, respondeu:
— Se perdê-la, terá um sério problema, executor.
— Que problema, rainha?
— Ficarás sem cabeça, o que por aqui não é muito recomendável!
— Tem razão. É melhor recolocar minha cabeça no lugar antes que nem isso eu consiga mais.

— Aprecio os que sabem recolocar sua cabeça no devido lugar, e no devido tempo, executor! — exclamou ela rindo. E então ordenou:
— Siga-me!
Samuel nem teve tempo de pedir licença ao senhor Exu para dali se retirar, pois, do contrário, não a acompanharia rumo a um lugar não conhecido.

Pouco tempo depois, já estava no lugar e a par de tudo o que de estranho ocorria por ali. O centro era imenso e muito solicitado pelos adeptos do ritual umbandista.

Segundo a rainha das Sete Encruzilhadas, sempre que iam abrir as engiras, algum médium era possuído por uma entidade incomum que resistia a todos os recursos que ali possuíam para anulá-la. E o mais grave é que ninguém identificava de onde tal entidade procedia, ainda que conhecessem muitas coisas sobre seres sobrenaturais.

— Ainda tem mais um problema, executor — continuou ela.
— Qual é, rainha?
— Sempre que essa criatura vem, leva consigo algum espírito que aqui presta serviços.
— Há quanto tempo isso vem ocorrendo?
— Há alguns meses. Como o centro abre três vezes por semana, uns 30 espíritos já foram levados por aquela criatura!
— Hoje terão sessão aqui?
— Não. Só amanhã teremos outra sessão neste centro.
— Qual o grau dos espíritos que a criatura arrasta consigo?
— Por enquanto, espíritos guias de trabalho. E isto está enfraquecendo os trabalhos, pois deixa todos os demais guias muito tensos e preocupados quanto ao que possa acontecer.

Observe que os espíritos de menor grau tentam anular a criatura irradiando nela, e nada acontece. Mas basta um guia de trabalho dela se aproximar e imediatamente é puxado e levado embora sem que ninguém mais o localize.

— Isso é realmente interessante, rainha, pois, se não me engano, grande é o poder visual deles, não?
— É muito grande sim, executor. Mas o que por aqui tem ocorrido escapa a tudo o que podem ou conhecem.
— Vamos passear um pouco, rainha?
— Onde iremos?
— Vou ver se encontro o que preciso no meio elemental cristalino. Será interessante você conhecê-lo, se é que já não o conhece!
— Só pelo exterior.
— Então agora o conhecerá a partir do interior, se é que não o teme, certo?

— Conhecer algo interessante me atrai, executor!
— Ótimo! — exclamou Samuel, sorridente. — Vamos até um local de acesso ao meio elemental cristalino, pois será muito mais fácil conseguir chegar onde quero.
— É a sua vez de ir na frente, executor!
No instante seguinte, estavam diante de um lugar altamente irradiante. Samuel correu a visão e encontrou o que procurava. Dirigiu-se até um ponto de irradiação muito poderoso. Aí falou:
— Teremos de nos despir destas vestes para entrarmos nesse meio ou elas serão desintegradas assim que tocarmos nesse ponto irradiante cristalino, rainha.
— Para mim, isso será bem mais fácil que a você, executor.
— Sinto que é isso mesmo, rainha. Mas, na execução de uma missão, faço tudo para realizar da melhor forma possível.
Samuel virou as costas para a rainha e começou a despir-se enquanto ordenava aos seus auxiliares que permanecessem ali até que voltassem e que guardassem com a própria vida as armas e vestes que usavam.
— Quando voltará, mestre? — perguntou a rainha cobra, preocupada.
— Assim que tiver realizado parte de minha missão, companheira.
— Por que não nos leva junto desta vez, mestre?
— Não costumo correr riscos desnecessários. Como não poderei proteger a tantos em um meio extra-humano, então é melhor que permaneçam aqui, certo?
— Sim, senhor.
Samuel virou-se para a rainha e falou:
— Segure em minha mão até que todo o seu corpo tenha se acostumado com as energias do meio cristalino e possa se mover nele com desenvoltura.
— Para mim está ótimo, executor! — exclamou ela, olhando-o do mesmo jeito com que Samuel a havia olhado quando a viu da primeira vez. Ele sentiu-se incomodado ao ver o sorriso estampar-se no rosto dela.
— Vamos? — perguntou enquanto estendia a mão esquerda.
— Estou à sua inteira disposição para "tudo", executor. Ou melhor, estou em suas mãos! — falou ela, já segura por ele.
Samuel mergulhou no meio cristalino original e foi avançando cada vez mais até alcançar um ponto de equilíbrio nele existente. Quando o alcançou, parou para absorver as energias cristalinas. E só então percebeu que a rainha estava inconsciente.
Abraçou-a, encostou o corpo dela junto ao seu e começou a transmitir-lhe energias espirituais humanas, até que a viu recobrar os sentidos. Ainda meio zonza, ela perguntou:

— O que aconteceu comigo?
— Por desconhecer estas energias, as suas se esgotaram durante o curto tempo que demoramos para chegar aqui. Continue absorvendo minhas energias até que esteja reequilibrada totalmente.
— Não irá se esgotar?
— Não, pois quanto mais energias doo, mais meu ser gera.
— Isso é interessante e você merece ser estudado melhor!
— Será que sou interessante?
— O que estou sentindo você irradiar para mim me interessa conhecer em profundidade pois, como você já sabe, aprecio conhecer bem o que muito me atrai.
— Acho que temos algo em comum, rainha.
— Temos sim. Estou sentindo que cresceu muito o seu interesse em conhecer-me melhor e mais profundamente, uma vez que, superficialmente, você já havia feito um reconhecimento amplo, não?
— Tem razão. Meu interesse em conhecê-la mais profundamente cresceu muito mesmo. Acho que eu mesmo desconhecia tal possibilidade em mim, rainha.
— Meu nome é Clara, Samuel.
— Pois é isso, Clara! Agora já não consigo recolher em meu íntimo esse meu interesse que me surpreende com sua desenvoltura e capacidade de ativar desejos há muito adormecidos em meu ser.
— Acho que, por ser muito grande esse seu interesse por mim, e que se manifesta pela primeira vez em você, só tem um jeito de reassumir o pleno domínio dele, Samuel.
— Qual é?
— Satisfazendo essa tua curiosidade em me conhecer melhor.
— Não sei se devo, se posso ou se permite isso.
— Nada posso dizer por você. Mas, quanto a mim, o alcance desse seu interesse não é maior que a profundidade com que desejo conhecê-lo. Mas, caso seu interesse seja maior, então não tenha dúvida de que ele só aumentará a profundidade do meu desejo, aumentando ainda mais a minha satisfação em conhecê-lo melhor.
— Não sei quanto a você, mas em mim tal interesse se manifesta pela primeira vez e tenho pouca habilidade em lidar com ele, sabe?
— Eu o compreendo, Samuel.
— Então você me instrui em como agir até que os nossos interesses e desejos se harmonizem?
— Permite-me?
— Peço-te, rainha!

— Aprecio muito esse teu enorme interesse por mim, Samuel. E quanto melhor eu puder instruir-te, mais profundamente te conhecerei.

— Já está reequilibrada energeticamente?

— Tanto estou que transbordo energias há muito inexistentes em mim ou as em mim inexistente.

— Há momentos que descobrimos coisas surpreendentes sobre nós, não?

— Há sim, e nos surpreendemos ao descobrir que o que pensávamos não existir mais em nós transborda em abundância, não?

— É isso mesmo. Estou descobrindo que minha capacidade de gerar energias nesse sentido não havia desaparecido. Apenas ainda não havia encontrado alguém capaz de despertá-las, Clara.

— Samuel...

Um bom tempo depois, já totalmente ambientados às energias do meio elemental cristalino, Samuel falou:

— Obrigado, Clara. Você é uma criatura maravilhosa e nunca mais conseguirei esquecê-la, nem que isso eu tente.

— Em vez de tentar me esquecer, quero que se lembre sempre, e cada vez mais intensamente.

— Clara, eu... eu...

Só um pouco mais tarde, Samuel foi dar prosseguimento à execução de sua missão. Clara já se movia tão rapidamente como ele quando chegaram onde queria: um meio cristalino opaco.

Após localizar visualmente o que procurava, deslocou-se devagar até chegar onde queriam: um lugar onde vários espíritos, cobertos com vestes estranhas, estavam reunidos e dialogando enquanto olhavam para uma placa de cristal transparente.

Samuel saudou-os amigavelmente e perguntou:

— Eu os fiz esperar muito, mestres Magos dos Cristais?

— Podia ter continuado mais um pouco onde estava, pois assim teríamos estudado você melhor, executor.

— Chegaríeis a um ponto onde vossa capacidade de estudar-me alcançaria vossos limites, mestres dos Cristais. Logo, achei melhor vir pessoalmente para ser estudado e ouvido, certo?

— O que tens a dizer-nos, executor?

— O que estão fazendo não é do agrado do meu senhor Ogum Megê. Logo, devem devolver ao plano espiritual todos os espíritos retirados dele e cessar com esse modo de procederem quando algo os desagrada.

— Por que deveríamos?

— Sua rainha não entendeu como alguém deve proceder no meio espiritual humano e ultrapassou seus limites. Só isso já é uma razão muito grande para meditarem um pouco. Ou não é verdade que ela foi expulsa daquele centro por ter ultrapassado os limites humanos dos agentes da Lei?

— Isso, só ela poderá responder, executor.

— Então, conduzam-me até ela, por favor!

— Ela não quer ver você, executor.

— Mas é um caso de vida ou morte, senhores.

— De você?

— Não, dela!

— Por que se refere à morte dela?

— Oras, senhores! Eu fui enviado pelo senhor Ogum Megê para recolocá-la conscientemente nos limites da Lei e a serviço da vida. Mas se isso não me for possível, então serei obrigado a anulá-la e aos senhores. E eu não gostaria de fazer tal coisa, pois sinto que após uma conversa com ela, finalmente a Lei os terá a serviço dela por meio do humanismo que ainda existe nos senhores, apesar do tempo que vivem neste meio. Ou não é verdade que muito lhes agradou olhar-me e a Clara enquanto trocávamos energias por um meio humano?

— Isso é verdade, executor. Às vezes sentimos saudades do meio humano, ainda que não seja um meio fácil de se viver.

— Menos difícil ele seria se pudesse contar com vossas inteligências privilegiadas a serviço da espécie humana. Ou não é isso que outros mestres têm feito desde que o reino dos cristais deixou de existir?

— Nós optamos por viver aqui, executor.

— Ainda que seja cômodo o seu isolamento, não foi uma opção sábia, senhores. Sinto que é hora de se reintegrarem ao meio espiritual humano e usarem seus conhecimentos em prol do bem comum, que é a evolução da espécie humana como um todo.

— Não queremos transmitir nunca mais nossos conhecimentos aos espíritos humanos, executor.

— Por que não?

— Mais uma vez usarão mal o que de tão bom grado conhecemos e lhes transmitíamos.

— Eu os entendo, mestres Magos dos Cristais. Já me senti assim e me recolhi. Mas o tempo me provou que eu não podia parar, porque tudo mais continuava evoluindo enquanto eu estacionara.

Mas também lhes digo que não errei totalmente porque refleti muito sobre o modo como transmitia meus conhecimentos e descobri que se os meus discípulos não procediam como eu esperava, no entanto agiam como estavam aptos a proceder.

Apenas eu é que não havia atentado para esse detalhe e ensinava coisas que eles ainda não tinham consciência de como usar bem e dar bom uso a tanto poder.

Logo, eu, como mestre deles, errei, porque não os compreendi e não me contive nos limites deles. Eu queria impor-lhes meus próprios limites. Por isso, hoje me limito a mostrar os limites de cada um, em vez de tentar torná-los ilimitados nos seus conhecimentos.

— Você alcançou a sabedoria, executor!

— Não creio. Apenas um dia me coloquei, assim como aos meus conhecimentos, sob as ordens, vontades e desejos do meu senhor, e senhor nosso Deus, meus irmãos sábios.

Se não me engano, é chegada a hora de optarem por algo parecido com o que fiz, e outra oportunidade igual a esta não terão outra vez.

— Por que não teremos outra?

Samuel ajoelhou-se e começou a chorar convulsivamente. E tanto chorou, que a rainha daqueles mestres Magos dos Cristais se juntou a eles e ficou a vê-lo chorar. As lágrimas que caíam dos seus olhos eram multicoloridas e cintilavam ao tornarem-se pequenas pedras brilhantes.

Mas o que mais impressionava aqueles que ali o viam era seu corpo, que se tornava totalmente cristalino e irradiava um brilho vivo que a todos envolvia aos poucos. Um a um, aqueles mestres magos começaram a soluçar até que não mais resistiram e deixaram explodir um pranto que os convulsionava, pois viam em Samuel a transparência dos grandes Magos da Luz Cristalina no tempo em que haviam vivido no plano material, e isso fora há incontáveis milênios, quando o reino dos cristais existira na face da Terra.

E a chorar continuaria, se o senhor Ogum Megê não surgisse ali e depositasse diante de Samuel o cristal de grande Mago da Luz Cristalina dizendo:

— Honras teu senhor com a pureza dos teus sentimentos, grande Mago. Honra-o ainda mais unindo o destino desses teus discípulos ao teu, pois tuas lágrimas os livraram de deixarem de ter um destino, uma vez que interferiram nas responsabilidades e deveres dos orixás protetores que estão retidos aqui neste meio.

— O senhor poderia tê-los libertado? — perguntou a rainha dos magos ao senhor Ogum Megê.

— Sim. Mas se eu tivesse que fazê-lo, agora vocês não estariam aqui. Então preferi enviar meu servo para humanizá-los antes de eu vir. E ele, na pureza dos sentimentos, devolveu-lhes o humanismo por meio do pranto e, intimamente, clamou a Deus por uma oportunidade de provar-lhe que se os seres humanos são como são, é por um desígnio divino.

Dirigindo-se a Samuel, o senhor Ogum Megê falou:

— Levo comigo os orixás protetores e deixo contigo os que, por intermédio de você, haverão de se tornarem grandes magos.

— Generoso comigo é o Pai, pois me honra com a oportunidade única de reencontrar alguns daqueles que perdi ao longo do meu caminho já trilhado no cumprimento dos ditames da Lei e da Vida.

— Se assim é teu Pai, isso se deve à tua persistência em corrigir teus erros e, nos teus acertos, honrá-Lo com o crédito de tuas ações.

— Peço ao meu Pai que nunca se esqueça de mim e me faça instrumento de sua vontade sempre que eu puder servi-Lo com o que de melhor existe em mim.

— Assim desejas e assim sempre será, meu filho. Abençoado sejas pelo nosso Senhor. E que abençoados sejam também os teus, que agora deixo aos teus cuidados.

— Que assim seja, meu senhor — respondeu Samuel, logo seguido por todos os espíritos ali reunidos.

Samuel foi readquirindo lentamente sua aparência e cor, até que voltou a ser totalmente humano. Então apanhou o cristal de grande Mago e o acariciou com carinho antes de colocar a mão direita em cima dele e absorvê-lo pela palma dela estendida sobre ele. Então olhou cada um dos mestres magos antes de pousar seus olhos na rainha deles e perguntar:

— Por que fizeste isso, irmã amada?

— Fui uma tola e quis me vingar, grande Mago.

— Não é à prisão daquelas entidades que me refiro, mas, sim, ao fato de teres ido ter com os espíritos humanos no plano material.

— Eu invejava os que vivem no plano espiritual, uma vez que há muito eu havia perdido minha sensibilidade humana por viver neste meio cristalino. Então me misturei entre eles e me ofereci para servi-los, pois assim teria a oportunidade de me relacionar com os espíritos.

Mas, como eles não podiam me devolver a sensibilidade perdida, algo em mim começou a me tornar insensível e até cruel nas missões a mim confiadas. E agi assim até ser expulsa daquele centro de caridade espiritual no meio humano material. Fui uma tola no princípio e uma ignorante no final, não?

— Foi sim.

— Como posso reparar meus erros, grande Mago?

— Começando por permitir-me que eu te devolva tua tão preciosa sensibilidade, pois, se não me engano, já a havias perdido quando ainda vivias em um corpo carnal.

— É verdade. Nunca fui possuidora de muita sensibilidade nesse sentido, grande Mago. E, como agora sei que todo grande Mago traz em

si o meio de reequilibrar um ser humano, não só permito como peço que devolva a minha sensibilidade humana.
Cuidei intensamente dela, inundando-a com minhas energias.
Algum tempo depois, outra era aquela rainha. Seu corpo voltara a ter uma coloração humana e sua "feminilidade" era visível, sensível e palpável, de tão vibrante que estava. Ela, ao se olhar demoradamente, começou a chorar. Mas Samuel a consolou, dizendo:
— Está mais humana que nunca, rainha! Espero que no futuro não venha a ser para curá-la que isso tornemos a fazer.
— Como devo entender e interpretar o que acaba de dizer-me, grande Mago?
— Que agora és um espírito feminino pleno. Isso é o que importa!
— Sinto muito por ter induzido tantos espíritos humanos a se isolarem aqui, no reino cristalino!
— Podemos devolvê-los ao meio humano, ainda que agora eu não saiba onde alojá-los lá. Eles precisarão de tempo e cuidados, além de muita compreensão.
— Se é verdade tudo o que eu ouvia sobre os grandes Magos, até a solução disso o senhor traz consigo, grande Mago — falou Clara, que permanecera em silêncio desde que ali havia chegado.
— Será que trago, Clara?
— Se me permitir, será com muita alegria no coração que oferecerei a todos os que aqui estiverem um lugar onde lentamente se reintegrarão ao meio humano.
— É um lugar adequado para eles?
— Tenho certeza de que é, grande Mago.
— Então vamos até ele para ver se comporta todos os irmãos e irmãs que vivem aqui neste meio cristalino?
— Será um prazer conduzi-los até lá. Vamos todos juntos em um grande aperto de mãos! — exclamou Clara, muito feliz.
Todos se deram as mãos e Clara os conduziu, primeiro pelo meio cristalino, depois pelo meio espiritual até chegarem a um vale imenso e encantador localizado em um plano espiritual. Então, embevecida, falou:
— Este lugar não é lindo, Samuel?
— Outro tão lindo jamais vi antes. Mas onde está o alojamento para os milhares e milhares de irmãos que lá viviam?
— Tudo é só uma questão de tempo, antes tenho de me revelar aos teus olhos ainda que, aos meus, você não esteve desde que estudamos juntos em uma escola de medicina espiritual.
— Afinal, quem é você?

— Não te lembras da estudante pouco atraente chamada Clara que ficava ao teu lado durante as aulas do nosso amado doutor Ângelo?
— Você... é ela ou ela é você?
— Aquela aparência é uma das minhas vestes, irmão amado. Eu a uso para não ter ninguém me olhando com desejos. Para estes momentos de minha vida, só quero ser desejada por alguém que desperte em mim tal sentimento.
— Isso significa que...
— Sim, eu sempre o desejei, Samuel. Mas você mal olhava para seus colegas de estudo!
— Só mesmo uma mestra médica para curar-me!
— Se o que vi acontecer entre você e a rainha dos magos cristalinos não foi só ilusão de ótica, creio que já não tenho tanta certeza sobre quem curou quem quando nos conhecemos muito intimamente. Só uma coisa não entendi.
— O que você não entendeu?
— Por que você a curou na nossa frente, revelando-nos esses seus recursos extra-humanos?
— Tanto fazia ser ali como em qualquer outro lugar, pois, para aqueles mestres, onde quer que eu fosse, estariam vendo-me porque ainda que não possam fazê-lo, pois estão insensibilizados, o que os manteve ligados ao meio humano esse tempo todo foi o desejo de um dia voltarem a se realizar humanamente.
— E você descobriu isso quando?
— Assim que você, com tanto desejo, conduziu-me às profundezas desse seu sentido tão humano, e tão feminino. Então, dali em diante, despertei neles a vontade de retornarem ao meio humano o mais breve possível.
— Quando teremos outros momentos como aqueles?
— Assim que minha missão for concluída, amada Clara!
— Quando a concluirá?
— Assim que levarmos a rainha e seus Magos até aquele centro de caridade para que possam pedir perdão pelo erro que cometeram ao arrastarem para o meio cristalino espíritos em vias de sublimação.
— Então vou abrir para a vida o hospital, que um dia jurei ao nosso Senhor abrir para os espíritos. Vou lançar a pedra fundamental luminosa que aqui dará início à edificação dele.
Clara, com os recursos que trazia em si mesma, fez surgir sua maleta de mestra médica e, após abri-la, retirou dela outra bola luminosa que lançou ao solo à sua frente. E novamente Samuel viu a edificação de mais um hospital espiritual.

Mas aquele mais se parecia com uma morada espiritual. Então interpretou que a missão de Clara era resgatar para o meio espiritual humano parte dos espíritos que haviam se afastado dele de livre e espontânea vontade.

Não se contendo diante da grandeza de Deus ao conduzi-la ao encontro daqueles que tinha de resgatar, ele ajoelhou-se e chorou por um bom tempo, só cessando seu pranto quando Clara acariciou sua cabeça e falou:

— Querido irmão do meu coração, obrigada por ter me levado ao encontro do meu destino de mestra médica. Afinal, se aqui era onde eu teria de edificar meu hospital, eu não encontrava uma justificativa para fazê-lo em um plano da vida muito lindo, mas sem ao menos um espírito vivendo nele. Agora sei para quais espíritos esse plano estava reservado.

Agora que conheço o meio cristalino, bastará eu usar meus conhecimentos para que logo logo este hospital esteja repleto de espíritos que, antes de poderem retornar ao meio humano, precisam ser curados do medo que sentem da humanidade.

— Que Deus te abençoe, irmã amada! Grande é a tua missão aos olhos d'Ele. Deixarei aos teus cuidados e serviço os meus irmãos Magos porque contigo voltarão a se humanizar muito mais rapidamente do que levando-os comigo.

— Tens certeza disso, querido?

— Tenho sim. Afinal, aceitei ser um curador sob a proteção do pai Tomaz e longo será o caminho a trilhar até eu alcançar mais esse grau.

— Você sabia que ele é meu pai desde minha última encarnação.

— Verdade?

— Pergunte a ele se duvida!

— Acredito em você, querida irmã do meu coração.

— Eu o auxiliei por muitos anos, Samuel. Comecei como uma Pombagira a auxiliá-lo à esquerda até estar apta a passar para a direita onde, ao lado dele, eu me manifestava como a Preta-Velha Maria Preta. E assim foi até que doutor Ângelo me convidou a ir estudar naquele hospital-escola. Eu ia parar no primeiro grau. Mas como você disse que ia se formar mestre médico, então continuei só para ficar perto de você porque eu já o amava muito, ainda que jamais tenha notado como eu ficava contemplando-o enquanto estava mergulhado naqueles livros tão volumosos e tão preciosos, e que te revelaram como entrar no meio cristalino para que um dia a ele me conduzisse e me abrisse a visão para a vontade não revelada do nosso Senhor para comigo.

Mais uma vez peço a Deus que o abençoe porque se você tivesse parado no primeiro grau, ou notado que uma "Preta-Velha" o amava tanto, talvez mestra médica agora eu não fosse, e minha missão final estaria distante do me alcance.

Que mil vezes Deus o abençoe e multiplique essas bênçãos por outras mil vezes pelo imenso bem que fez por mim, sendo o que és: um anjo na forma humana e um ser humano que é um anjo!

— Não tenho palavras para agradecê-la, irmã do meu amor. Então digo isso: que Deus a abençoe, mestra médica Clara!

— Obrigada, irmão do meu amor ao nosso Senhor. Agora vou começar a resgatar todos os espíritos cristalizados para então curá-los.

— Enquanto você faz isso, vou com a rainha e seus magos ao encontro dos guias naquele centro de caridade, pois sinto que me aguardam.

— Então iniciarei depois os resgates, porque quero estar presente nesse encontro.

Samuel reuniu-se à rainha e seus magos, e logo entravam no centro, onde já era aguardado pelos guias dirigentes. E após cruzar o solo à frente de cada um deles, ajoelhou-se e mentalmente se comunicou com eles, explicando-lhes tudo o que havia acontecido realmente e que a rainha e seus Magos dos Cristais estavam ali para pedirem perdão e ser perdoados. Eles haviam se arrependido do erro cometido! Quando silenciou, um deles perguntou:

— Quem nos garantirá que mais adiante ela não venha a fazer o mesmo com irmãos e irmãs nossos que nada mais querem a não ser ajudar a humanidade a evoluir em paz e harmonia?

— Ninguém poderá garantir isso, meu amado senhor. Mas quem pode garantir que outros também não cometerão erros? Afinal, todos nós somos espíritos em evolução.

— Mas eles são diferentes, Exu executor. Possuem um poder extra-humano.

— Que agora todos os senhores conhecem. E, se me permitirem, a todos serão transmitidos pelos Magos da rainha, que farão isso de agora em diante só àqueles que não só estão aptos a aprender a lidar com tais conhecimentos, mas também a usá-los segundo os ditames da Lei e da Vida. Os conhecimentos deles são originais e outros iguais não existem.

— Ainda assim, é muito arriscado, executor.

— Não é menos arriscado do que dispensarem um conhecimento que poderia ter evitado o que aqui ocorreu? Além do mais, talvez muitos espíritos estejam isolados no reino dos cristais e possam vir a ser resgatados com a ajuda dos Magos dos Cristais que estarão a seu serviço e disposição.

— Quem nos garante que não se voltarão contra nós um dia desses?

— Eu garanto, meus senhores.

— Só teu grau de executor não nos parece uma garantia aceitável, Exu.
— Então darei outra garantia irrecusável, amados senhores.

Samuel, que ainda estava nu, ordenou aos Magos que se despissem de suas vestes cristalinas. E quando eles estavam nus, concentrou-se por alguns segundos e de várias partes do seu corpo, tais como peito, mãos, testa e braços, saíram fachos luminosos que atingiram todos os magos ao mesmo tempo e marcaram a todos com símbolos sagrados dos servidores das linhas de Lei da Umbanda. E assim que todos os fachos luminosos foram recolhidos ao corpo de Samuel, um a um, cruzaram o solo à frente dele em sinal de respeito ao elevado grau revelado por ele.

Mas a verdade é que todos ali ficaram admirados por verem em Samuel um grau tão elevado, e no entanto ele havia se mostrado um espírito igual a qualquer outro dos que ali trabalhavam sob a coordenação dos orixás guias das linhas de Lei da Umbanda.

Uma daquelas entidades da luz não se conteve e, depois de cruzar o solo diante de Samuel, levantou-se e, após olhá-lo nos olhos por um longo tempo, levou a mão direita até a altura do peito e abriu sua vestimenta sagrada, deixando visível uma estrela de cinco pontas dourada com uma cruz azul por cima dela que a marcava desde o alto do peito até o chacra umbilical. Então perguntou com um esforço muito grande, por causa da emoção:

— Foi você que um dia também me marcou com este símbolo sagrado vivo que agora vive em mim?

Samuel segurou as mãos luminosas daquela entidade serva da lei e beijou-as com respeito, enquanto duas lágrimas cintilantes corriam-lhes pelas faces. E a seguir, ajoelhou-se e irrompeu em um pranto que convulsionava todo o seu ser.

Samuel ficou a chorar por muito tempo, e só cessou seu pranto quando uma luz imensa começou a se formar dentro do centro até atingir uma intensidade tal, que todos os espíritos presentes se ajoelharam e curvaram-se até suas testas tocarem o solo.

O que aquele ser superior transmitiu, só eles dois ouviram. Mas, quando a luz intensa se recolheu em si mesma, no solo estava depositada uma espada simbólica e uma capa azul-celeste marcada com um símbolo dourado, que parecia ser vivo, se é que não era. Samuel enrolou a espada com a capa e, entregando-a, pediu:

— Guarde-a para mim, amada irmã do meu coração.
— Por que reluta em assumir seu grau, amado irmão?
— Ainda não superei o espectro da solidão em que vivi meus últimos anos de vida no plano material. Você não imagina como tem sido difícil para mim superá-lo!

— Imagino sim, e o compreendo também. Eu tanto o compreendo que ficará guardado comigo o símbolo do seu grau que, se não consegue ostentar, no entanto vive em você, ainda que oculto.

— Tem sido tão difícil para mim relembrar o que vivi naquele tempo. E agora, todo um período de intensas dúvidas e pesados compromissos assumidos está se mostrando. Eu não estou preparado para tudo o que, mesmo eu não querendo ver, já começa a se mostrar aos meus olhos por meio de você, irmã amada.

— Sinto muito se o levei a um desequilíbrio emocional, mas não consegui resistir. Sinto muito!

— Não se lamente, pois só aumenta minhas dúvidas. Deixe que eu me encontre e sinta-me apto a assumir-me, está bem?

— Onde, ao menos, poderei vê-lo?

— Dentro de pouco tempo saberá. Antes de tornar a vê-la, preciso refletir muito para não fazê-la chorar novamente ou incomodá-la com o meu pranto de tristeza.

— Eu o entendo e compreendo, querido irmão. Só peço que, agora que sabe onde me encontrar e sabe quem sou eu, não se esqueça nunca mais, porque nada mais o impede de ver-me e ouvir-me. Finalmente estamos do mesmo lado da vida, querido e amado irmão!

— Não me esquecerei. Agora, peço tua licença, pois tenho que concluir a missão que executo sob o amparo de nosso amado senhor Ogum Megê. Com tua licença, amada irmã!

— Não tem de me pedir licença. Apenas diga: até mais, querida! Muito feliz ficarei se disser isso para mim neste momento em que terá de me deixar.

Samuel disse o que ela mais queria ouvir dele e deixou-a indecisa entre o sorriso e o choro.

Foi com lágrimas nos olhos que ele se retirou daquele centro de caridade espiritual, acompanhado por Clara e a rainha dos espíritos humanos ainda cristalizados no tempo, retornando ao novo hospital aberto à espiritualidade.

Clara, usando seus poderes de mestra, resgatou para um plano espiritual todos os espíritos que estavam retidos no reino cristalino e os acomodou nas dependências da sua nova morada espiritual para poder curá-los de seus medos e despertá-los para uma nova evolução espiritual humana.

Como não podia deixar de ser, Clara convocou muitos espíritos que a tinham como líder e mentora. Afinal, a Preta-Velha Maria Preta atuava nas linhas de Lei há muito tempo, e sempre em prol da evolução dos espíritos. Depois de ela ter atribuído funções a todos os seus auxiliares e poder voltar suas atenções a Samuel, este comentou:

— Só quando um bem divino se mostra aos nossos olhos, é que temos uma visão real da quantidade do bem que se multiplicou a partir do que de melhor traz em si mesmo, Clara.

— Quando terei uma visão real da multiplicação do bem que trazes, Samuel?

— Isso agora não importa. O que realmente importa é que, por trás dessa sua veste sagrada de Preta-Velha há um espírito feminino, muito lindo aos meus olhos. Eu olho para você, e meus olhos veem um espírito ativo e pujante por trás dessa aparência de velha com a qual se mostra aos seus semelhantes.

— Nunca me senti um espírito velho, Samuel. Dentro de mim sempre existiram energias suficientes para sustentar-me em todos os sentidos.

— É o que estou lhe dizendo, querida irmã. Sua beleza íntima é tanta, mas tanta, que meus olhos só conseguem vê-la partir do seu íntimo. Essa beleza que vejo em você ativa meus sentidos e encanta meus olhos.

Clara olhou-o nos olhos e, sem poder desviar deles seu olhar, perguntou assustada:

— Que olhar é este, Samuel?

— É o olhar de como a estou vendo neste momento, Clara. Não resista a ele, por favor!

— Por acaso eu conseguiria resistir por muito tempo, se eu tentasse?

— Não conseguiria, querida irmã e amada mulher.

— O que você está fazendo comigo, Samuel?

— Reconduzindo-a através do tempo até um tempo em que você era uma bela, radiante e encantadora jovem negra.

— Como você consegue isso só com essa sua visão?

— Isso não importa.

— O que importa, Samuel?

— Olhe-se e verá o que realmente importa, querida irmã.

Clara olhou-se e exclamou:

— Samuel, só com a sua visão você me devolveu a aparência que eu tinha aos 20 anos e vivia no plano material! Como isso é possível?

— Você não tem a menor noção das coisas que me são possíveis, caso eu as queira.

— E você me quer assim, nesta aparência, que mesmo que quisesse eu não conseguiria plasmar, porque isso nos é vedado pelas "leis das formas" da vida?

— Essa agora é a tua forma, Clara. E todas as outras são só as vestes sagradas com que te vestirás para melhor servires à Lei e à Vida. No teu íntimo, a velha Maria cedeu lugar à bela Maria que, por vibrar sentimentos tão nobres em todos os sentidos, encantou meus olhos e a trouxe do teu passado para o teu presente.

— Samuel, isto me assusta. Eu sei que no plano material fui uma moça muito bonita. Mas a beleza que teus olhos veem em mim transcende a minha beleza daquele tempo.

— Eu sei disso. Mas se você é tão bela agora, é porque seus sentimentos nobres transcendem à beleza material e realçam a beleza do seu espírito. E, vendo-a, tão bela, todo um passado adormecido retorna com a sua energia e está prestes a explodir.

— Quanto tempo falta para esse vulcão explodir?

— Apenas o tempo de você dizer-me: "Assim eu sou e assim o quero, Samuel!" Só falta o tempo de isso dizer, Clara.

— É assim que você me vê e me quer?

— Sim.

— Então, se assim sou aos seus olhos e assim você me quer, então me ame com a energia de mil vulcões, antes que quem sofra explosão seja eu!

— Duvido que você consiga me esquecer de agora em diante. Mas, se um dia estiver prestes a me esquecer, tudo farei para lembrá-la que a amo muito.

Samuel, embevecido com a beleza de Clara, envolveu-a com ternura e deixou que os tais mil vulcões explodissem, porque já lhe era impossível contê-los. Só muito tempo depois, ainda abraçados, Clara conseguiu articular uma frase completa, ainda que curta, e perguntou:

— Ser amado, quem é você, afinal?

— Ainda não tenho certeza de quem sou, mas sei que sou quem agora sou.

— Então, quem você é, Samuel?

— Sou um ser que finalmente conseguiu libertar-se e amá-la em toda a minha plenitude.

— Acredita que me será possível esquecê-lo depois do que vi, ouvi e senti?

— Isso só o tempo poderá responder. Quanto a mim, tenho certeza de que nunca a esquecerei.

— Não sei por que, mas tenho a impressão de que, se me soltar de você, flutuarei.

— Quer tentar?

— Isso falei por estar me sentindo livre de tudo o que me tornava "amarrada" a lembranças não muito agradáveis. Mas, não sei como, agora nada mais me incomoda ou "pesa" em minha memória. Tenho certeza de que tudo tem a ver com você, e você tem tudo a ver com o que aconteceu comigo. Para mim, você é um anjo, Samuel!

— Nunca mais diga isso. Sou só um espírito dando meus primeiros passos em uma senda luminosa.

— Como farei para me apresentar como a Preta-Velha Maria se não sinto vontade de deixar de ser como agora sou, e tão bem me sinto?

— Você não tem que continuar a ser a Preta-Velha Maria Preta. Escolha uma irmã nossa que mereça a oportunidade de galgar mais um degrau da luz e coloque-a junto à médium que lhe doa o seu corpo carnal para que a caridade seja feita em nome do nosso pai Oxalá. Afinal, Deus foi tão generoso com você e lhe ama tanto que não só confiou-lhe um hospital espiritual, mas também confiou todo um plano espiritual.

— Tem certeza disso?

— Se minha visão não me enganou, depois desse vale encantador existem campos floridos à espera de que você edifique outras moradas divinas neles.

— Alguma vez esses seus lindos olhos o enganaram antes?

— Poucas vezes os tenho usado nesse sentido, mas as que recorri a eles, não!

— Leve-me até esses campos floridos, Samuel.

— Só se você flutuar e alçar o seu voo divino levando-me junto.

— Samuel! — exclamou Clara, contrariada, mas em dúvida, pois sentia vontade de flutuar. Ele a soltou e ela flutuou, ainda assustada com o que acontecia com seu corpo, e pediu:

— Dê-me sua mão, senão vou sair por aí flutuando até me perder no infinito.

— Onde está seu controle mental sobre o seu corpo espiritual? Não percebe que agora o seu mental é o seu ponto de apoio, equilíbrio e referência?

— Como faço, se estou flutuando deitada?

— Você não está flutuando, Clara. Apenas pode pairar acima do nível que antes usava como ponto de referência. Aquele seu ponto de referência já não existe mais.

— Não faça isto comigo, por favor, Samuel! — clamou ela, com lágrimas nos olhos.

— Vamos, dê-me suas mãos e feche os olhos, pois vou ajudá-la a se mover de agora em diante a partir desse seu novo ponto de referência.

Após ter as duas mãos dela nas suas, Samuel ordenou:

— Vamos, comece a imaginar que sua mente conduz seu corpo para onde você quer ir.

— Estou tentando, mas é tão difícil!

— Deixe ir fluindo lentamente pelo seu corpo a vontade que sente de ficar de pé. Mas não precipite nada! Deixe que essa sua ordem mental alcance seus pés e os conduza ao encontro do seu antigo ponto de referência, mas sem dele precisar como apoio para que fique de pé.

— Samuel, é tão difícil.

— Não menos que irradiar energia luminosa pelas mãos. Afinal, os meios são os mesmos, certo?

— Assim fica mais fácil.

Aos poucos, Clara foi mentalmente assumindo o controle do seu corpo espiritual, foi elevando a cabeça e conduzindo os pés até que tocassem o solo.

Quando finalmente conseguiu, Samuel soltou as mãos dela e ordenou:

— Imagine que deseja pairar acima do solo, a um metro de distância. Vamos, você pode! O princípio, você já domina!

Clara, pouco a pouco, flutuou até pairar um metro acima do solo. Depois, orientada por Samuel, moveu-se de um lado para outro, a princípio lentamente; mas depois de se sentir senhora desse seu novo ponto de equilíbrio, deslocou-se mais rapidamente. Então, ele pediu:

— Desce até aqui e leva-me contigo para contemplarmos do alto os campos floridos com os quais foste presenteada por Deus.

— Flutue também e junto iremos até eles, querido.

— Meu ponto de referência ainda é o solo, Clara.

— Você me ensinou a flutuar. Logo, pode flutuar também!

— Não, não posso. Isso só acontece a um espírito quando todas as amarras que o retinham no plano terreno são rompidas. Se você já está livre, ainda tenho muitas a romper. Eu ainda preciso do solo, não só como ponto de apoio, mas também de equilíbrio.

— Então, como sabia disso tudo?

— Não sei dizer-lhe como, mas sei que eu sabia isso. E sei que quero muito flutuar, amparado pelos seus braços.

— Vamos, dê-me suas mãos, pois vou tentar levantá-lo até onde estou.

— Abaixe seu corpo como se fosse se agachar, mas sem mover seus pés do nível em que estão.

— Como conseguirei isso?

— Do mesmo jeito que conseguiu se posicionar na vertical, oras!

Mais uma vez, Clara conseguiu. Samuel ajudou-a a realizar outros movimentos até que ela começou a achar fácil o uso do seu novo ponto de referência e apoio. Então, ele disse:

— Clara, de agora em diante terá na volitação uma locomoção tão rápida quanto a velocidade da luz.

— O que isso significa, Samuel?

— Significa que, se agora está aqui, sem que tempo algum tenha passado, poderá estar em outro lugar, pois tudo será tão rápido quanto a velocidade da luz. Se você quiser, entre uma palavra e outra que falo, poderá ir ver alguém ou alguma coisa em outro lugar e retornar aqui sem que meus olhos notem algo mais que uma leve vibração na sua luz, que, por sinal, é imensa. Você rompeu com os limites corpóreos que suas amarras lhe impunham. Mas não tente isso já. Antes terá de se habituar a mover-se, pairando acima do solo na altura que desejar.

— Como você sabe de tudo isso?

— Já lhe disse: eu sei disso, mas não sei como sei. Acredite-me, por favor!

— Eu acredito, amor! Vamos, dê-me suas mãos, pois vou tentar elevá-lo acima do solo e levá-lo comigo até os campos floridos.

— Não tenha pressa e aja como se fosse levantar um peso qualquer até colocá-lo à altura do seu corpo, certo?

Clara nada disse. Apenas abaixou o corpo sem mover os pés de onde estavam e, segurando as mãos dele, elevou-o até ficar frente a frente com ela. E lentamente o levou para fora do quarto. Quando estavam no espaço livre, ela se deslocou até adquirir uma velocidade considerável. Então se impulsionou para o alto até ficarem distantes do solo, para, a seguir, descer, também a uma alta velocidade e parar a uns dez metros acima. Depois se dirigiu até onde ele dissera haver campos floridos. E quando os viu, pairou no espaço e exclamou:

— Como são lindos vistos daqui do alto, Samuel!

— São lindos mesmo! Não me enganei ao pensar que, se os contemplássemos daqui, teríamos uma visão melhor da beleza deles.

— O que está acontecendo comigo, Samuel?

— Nada mais nada menos que uma vontade do nosso Senhor está se manifestando em você. E, creia-me, está mais linda que nunca, só lhe falta agora uma veste sagrada para cobrir seu lindo corpo espiritual.

— Você me veste?

— Posso?

— Cobrir meu corpo é um privilégio teu, querido.

— Por quê?

— Porque despi-lo quando me amares será outro dos teus privilégios.

— Não fale assim, Clara — pediu Samuel. — Ainda não tenho pleno domínio sobre meu corpo espiritual e suas palavras mexem com meu emocional e ativam certos sentidos.

— Já que é assim, então não percamos mais tempo!

Mais tarde, irradiando com a mão direita, Samuel vestiu Clara com uma veste de energia viva que a encantou. E ali a deixou, voltando ao meio cristalino e dele à fonte onde seus auxiliares o aguardavam. A rainha dos cristais o acompanhava.

Surpreso, viu que não só eles não estavam ali, mas as vestes conseguidas com o amigo do Cruzeiro e suas armas também haviam desaparecido, só restando as suas capas simbólicas.

Após olhar um pouco para as capas, recolheu-as e colocou-as sobre os ombros nus, permanecendo em silêncio até que esclareceu suas dúvidas. Então, dirigindo-se à rainha, falou:

— Quer ver até onde chega um ser humano movido pelo sentimento de vingança?

— Teus auxiliares desobedeceram às ordens recebidas e foram se vingar de alguém?

— Não, não. Alguém se vingou deles. São os tais acertos negativos de contas de que lhe falei. Acertos desse tipo nunca têm fim porque nenhuma das partes admite o prejuízo, ainda que, se isso não acontecer, as contas nunca deixarão de ser cobradas. Já consegue ver o estado a que foram reduzidos os meus auxiliares?

— Já os vejo.

— Vou até eles. Acompanha?

— Isso eu quero ver, grande Mago da Luz Cristalina.

— Siga-me, então.

Samuel, pouco tempo depois, estava em um meio negativo hostil, muito hostil. E não foi bem recebido, pois assim que se tornou visível, viu-se cercado por um grupo armado, acontecendo o mesmo com a rainha dos cristais.

— Salve, companheiros! — saudou-os Samuel.

— Você não é nosso companheiro, executor! Sua função é anular espíritos iguais a nós. Logo, aqui encontrará seu fim e nunca mais incomodará aos nossos verdadeiros companheiros.

— Quem é você, companheiro?

— Isso não importa.

— O que importa, então?

— Você é meu prisioneiro. Isso importa! — exclamou o ser que se cobria com um capuz negro que ocultava sua face.

— Só em termos, companheiro! Se vim aqui, foi para resgatar meus auxiliares.

— Você quer dizer: meus escravos, não?

— Eles não são meus escravos. Só auxiliares.

— Não foi isso que eu disse.
— O que você disse, companheiro?
— Que eles são meus escravos.
— Isso não entendi. Pode ser mais claro com as palavras?
— Neste meio sombrio nada é claro. Mas resumirei tudo em poucas palavras, certo?
— Faça isso, por favor.
— O caso é que a rainha cobra era minha escrava até que se rebelou contra mim e assumiu o comando dos meus domínios, reduzindo-me a escravo dela dali em diante.

E dali em diante fiquei à espera da minha vingança. Há pouco, quando ela caiu sob o poder de uma companheira das porteiras, reassumi meus domínios e fiquei à espera do momento de consumar minha vingança.

— Então, assim que meus auxiliares ficaram sem minha proteção, você iniciou sua vingança, não?
— Isso mesmo! Você sabe quem me ajudou nessa empreitada?
— Não tenho a menor ideia, companheiro. Quem o ajudou?
— A princesa das Sete Porteiras.
— Compreendo. É uma vingança unindo-se à outra, em um objetivo comum, não?
— Isso mesmo. Tanto eu quanto a princesa odiamos essa minha escrava. Logo, nada mais lógico que, de uma só vez, nós dois acertemos nossas contas, não?
— Eu não acho lógico, mas sim irracional.
— Como a princesa não o aprecia muito, a ela o entregarei depois de puni-lo por ter se apossado de uma escrava minha sem que eu permitisse.
— Com isso feito, fecha-se o ciclo das vinganças, não?
— Justamente foi isso o que pensei, executor!
— Só que se esquece de que abrirá um livro volumoso de acertos de contas, companheiro.
— Que livro é esse, executor?
— Aquele que será aberto assim que eu voltar às Encruzilhadas do Campo-Santo e dizer que concluí a missão a mim confiada pelo meu senhor Ogum Megê.
— Esse livro não existe, executor.
— Existe sim. Se você quiser, provo-lhe sem que saiamos daqui.
— Como?
— Com isso! — exclamou Samuel, estendendo a mão e apanhando no vazio uma placa de cristal, como se ela estivesse ao lado dele. Aí falou:

— Vou mostrar-lhe o que neste exato momento estão falando sobre você no Trono das Encruzilhadas. Depois, com tudo visto e ouvido, medite, certo?

— Como você fez isso, executor?

— Isso não importa. O que a você agora importa, e muito, é o que verá e ouvirá, certo?

— Você, apesar de ser um executor da Lei, merece ser ouvido. Logo, mostre-me o que diz importar tanto a mim, companheiro! — pediu o outro, já na defensiva.

— Tudo bem, mas mande esses seus auxiliares afastarem essas armas encostadas em mim e minha companheira, antes que sua sentença seja promulgada no Trono das Encruzilhadas. Afinal, se ela for emitida depois, aí você virará pó e nada mais poderei fazer por você, certo?

— O que poderá fazer por mim, executor?

— Evitar que tenha um fim que não desejo nem ao pior dos meus inimigos, e que é o nada absoluto.

— Você fala como se estivesse vendo o meu futuro.

— Então olhe e comprove se não falam de você, companheiro!

— Afastem-se do executor e da companheira dele, escravos! — ordenou o ser encapuzado, já inseguro. O que ele viu no cristal e através dele ouviu foi mais ou menos isso:

— Essas são tuas ordens, guardião do Trono das Encruzilhadas: executa o atual ocupante do Trono da Cobra Humana!

— Posso conhecer a razão dessa execução, cavaleiro do meu Senhor e meu chefe?

— Podes. Assim não terás meio de não executá-lo, uma vez que ele já foi um escravo teu.

— Isso eu não sabia. Afinal, tantos já me serviram!

— Ele foi teu escravo em um tempo em que tu ainda não servias o meu senhor Ogum Megê, que, ao ordenar essa execução, está atendendo ao senhor Oxóssi, que também é meu senhor. A ti foi confiada essa execução, pois conheces bem o teu antigo Mago negativo e o punirá segundo teus próprios princípios.

— Os meus princípios são negativos, cavaleiro.

— Isso não importa ao meu senhor Oxóssi.

— O que a ele importa, cavaleiro?

— Ao meu senhor importam as falhas cometidas por Ligoresh, que, se a princípio o serviu corretamente, há tempos retornou ao vício que o enviou às trevas mais profundas.

— Ligoresh! Então ele foi ocultar-se sob o manto protetor da esquerda do senhor Oxóssi e por isso escapou de passar o resto de sua maldita existência no interior do meu cristal negro.

— Isso não importava ao meu senhor Oxóssi. Suas contas pessoais, vocês que as acertem entre si.

— Mas ele havia ultrapassado os limites estabelecidos a ele por mim.

— Ao meu senhor importava o que ele havia prometido, que era nunca mais se apossar do destino de um espírito caído, e com o único objetivo: tentar descarregar em alguém assim suas energias sexuais negativas, originadas a partir da inversão de um dos princípios da vida que o havia dotado com tal poder gerador em sua origem. E isso não importou ao meu senhor enquanto ele manteve sob controle mental aquela sua sexualidade negativa. Mas, quando ele sucumbiu diante dos desejos e retornou ao seu método antigo para realizá-los, o meu senhor o destronou com o elevar de um dedo e colocou naquele Trono uma das escravas de Ligoresh usada por ele para saciar suas vontades. Porém como outra força externa ao problema interferiu e ela também adotou uma conduta não aceitável ao meu senhor, ainda que se tratasse de um domínio negativo, ela foi entregue ao próprio destino. Como, por razões que não lhe interessam, Ligoresh reassumiu o Trono daquele domínio, então está sendo entregue a você o destino dele que, antes de servir ao meu senhor sob o manto protetor da Lei, era seu auxiliar nas suas afrontas à Lei. Que cada um cuide dos seus, diz a Lei!

— Eu cuidarei de Ligoresh, meu senhor.

— Até a vista, executor, e fique na paz!

— Até, Cavaleiro da Lei! Vá tranquilo, pois a paz do cemitério logo se abaterá sobre Ligoresh e a ninguém mais ele incomodará com seus desejos incontroláveis.

— Aqui voltarei quando aquele domínio da Lei estiver reequilibrado e a Lei possa fluir naturalmente por meio do mistério daquele Trono da Vida.

A imagem do Cavaleiro da Lei desapareceu do cristal e nela permaneceu a do ocupante do Trono das Encruzilhadas, que encobriu o rosto com as mãos e emitiu um horrendo urro de lamento e angústia, para então gritar em desespero:

— Até quando um erro do passado irá me atormentar, meu senhor?

E, após um instante, murmurou:

— Ligoresh, irmão e companheiro de sina maldita, vou ter de anulá-lo e afastá-lo do meio negativo humano.

O encapuzado, que a tudo vira e ouvira, gritou assustado:

— Grande Mago da Luz Negra, seu maldito! Foi você quem me tornou maldito quando me convenceu a absorver com minha direita minha pedra azul e a conduzi-la até a minha esquerda. Por que agora me pune, se antes de punir-me você é quem deveria ser punido?

— Lamentar-se agora que é tarde de nada adianta, companheiro.

— O que adianta, então, executor?

— Dar início à reparação dos seus erros antes que o seu destino deixe de pertencer à espécie humana.

— Um executor não pode interferir nas ordens recebidas por outro executor. Se você fizer isso, cairá comigo.

— Mas eu não estou interferindo, companheiro. Quando iniciei a missão que só estará concluída quando eu voltar ao Trono das Encruzilhadas, eu tinha sete auxiliares. E sem eles ao meu lado, não retornarei!

— Então, ainda me resta uma chance?

— Sim.

— Como transformar essa chance em um argumento que me justifique aos olhos da Lei?

— Onde está a rainha cobra?

— Eu o levo até ela em um instante. Siga-me!

No momento seguinte, Samuel estava diante de um quadro aterrador: a princesa das Sete Porteiras chicoteava a rainha cobra com tanto ódio e força que o corpo desta estava todo cortado e vertendo um líquido escuro e viscoso e só gemidos ela ainda conseguia emitir, ainda que muito fracos.

Sem notar que era observada, a princesa continuou o castigo até que, gargalhando perversamente, exclamou:

— Pronto, você nunca mais incomodará a quem quer que seja, infeliz, que nem é cobra nem é mulher!

— E você, o que é, princesa? — perguntou Samuel, assustando à princesa, que estava absorta na sua vingança. Mas, quando ela viu que se tratava dele, falou:

— Você está se intrometendo demais comigo, mísero Exu.

— Você reconhece o símbolo da capa com que cubro meu corpo, princesa?

— É o símbolo dos executores do senhor Ogum Megê. Mas isso não te dá o direito de me perseguir.

— Não a estou perseguindo. Só estou mostrando ao meu Senhor o que você fez à minha auxiliar que está sob minha proteção.

— O que insinua, Exu idiota e intrometido?

— Que o meu Senhor está vendo o que você fez a um auxiliar meu, e que dentro em breve ele emitirá uma decisão sobre sua conduta desumana. É só isso que insinuo!

— O que agora fiz com ela já deveria ter feito quando a aprisionei. Eu só não fiz porque você desviou minha atenção com sua presença ao lado do Poderoso naquele momento. Ou você não sabe que sou uma executora das Sete Porteiras?

— É, eu sabia, princesa. Mas, caso você não saiba, ao me comprometer a proteger a rainha cobra da sua ira eu só tentei poupar você de um destino pior que o que agora ela teve. Mas, como você não entendeu isso e ficou à espera da sua vingança final, nada mais posso fazer para ajudá-la quando meu Senhor emitir uma sentença sobre seus métodos de executar suas missões. Sinto muito princesa, mas eu, a meu modo, tentei ajudá-la. Sinto muito, mesmo! — exclamou Samuel com a voz triste, para, a seguir, perguntar:

— Já terminou com ela?

— Sim.

— Não deseja puni-la mais um pouco com mais requintes de crueldades?

— Talvez eu devesse reduzi-la a um ovoide.

— Faça-o, princesa. Ou será que algo a impede?

— Você me impede com sua presença incômoda.

— Eu me retiro, está bem?

— Não!!! Você é minha última esperança. Não se vá, executor! Eu te imploro! — clamou o encapuzado, atirando-se aos pés de Samuel.

— Por que um ser tão poderoso quanto você se humilha assim diante de um mísero Exu, Mago negro? — perguntou a princesa ao encapuzado.

— Sua idiota! — exclamou ele. — Não vê que ele não é um Exu?

— Se não é um Exu, então o que ele é? — perguntou ela, curiosa.

— Ele é um instrumento intermediador da Lei e um grande Mago da Luz Cristalina.

— De onde você tirou isso, Mago Negro? Não vê que ele é só um Exu iniciante que se colocou sob a proteção de um curador com a pretensão de um dia se tornar um curador?

— Eu sei que é um intermediador, pois antes de minha execução ter sido transmitida àquele que irá me executar, ele já a conhecia. Bastou ele olhar para mim para saber o que ia acontecer comigo.

— O que levou você a crer que ele é um grande Mago da Luz Cristalina?

— Só os grandes magos têm em si meios de fazer o que ele fez e de mostrar-me o que vi e ouvi. E quanto ao que disse de ele vir a ser um curador, ele nunca deixou de ser um, pois todo grande Mago traz em si os sete princípios capitais da vida.

— Se é assim, então por que ele se colocou sob as ordens de um espírito inferior que ainda não alcançou o grau máximo na linha dos curadores?

— Talvez o que ele precise é conhecer os meios humanos para poder manifestar os princípios curadores que traz em si.

— Ele sempre me pareceu meio misterioso, Mago negro. Só não atinei com a razão dos meus pressentimentos.

— Por que não me falou dele ao propor-me a devolução desse domínio?

— Eu não sabia, Mago Negro — justificou-se a princesa, lembrando das palavras de Samuel quanto a uma sentença que logo seria emitida contra ela pelo senhor Ogum Megê. E, quase gemendo, exclamou mais uma vez:

— Eu juro que não sabia!

— Muito melhor para mim teria sido continuar amarrado naquele abismo onde a rainha cobra havia me deixado — lamentou-se o encapuzado.

— Vou me retirar para que a fulmine de vez, princesa. Depois retornarei para ajudar minha auxiliar — falou Samuel.

— Vai me abandonar, executor? — perguntou o encapuzado.

— Depois, também te ajudarei, está bem?

— Mas... e se antes o grande Mago da Luz Negra vier atrás de mim?

— Isso não importa.

— O que importa, então?

— Onde quer que ele venha a enviá-lo, eu o resgato. Prometi ajudá-lo a se manter no Trono desse domínio, não?

— Mas aí será tarde.

— Nunca é tarde para quem deseja livrar-se do domínio da ilusão dos desejos, companheiro. Lembre-se disso sempre, está bem?

— Eu não me esquecerei disso, grande Mago da Luz Cristalina. Não importa o que Lagisher faça comigo ou para onde me envie! Afinal, já estou cansado de viver sob o domínio ilusório dos desejos, e sei que só alguém como você poderá me libertar deles.

— Então eu me retiro e retorno quando a princesa tiver terminado a sua vingança.

— Antes, pode fazer-me um favor, que só você é capaz?

— Do que se trata, companheiro?

— Retire do meu íntimo a pedra azul que se tornou negra quando transferi para minha esquerda os poderes existentes em minha direita.

— Por que deseja que eu faça isso?

— Bom, só a muito custo estou contendo o desejo de fulminar a princesa por ter me levado a ser descoberto por Lagisher, e por ela insistir em fulminar a rainha cobra, impedindo-o de me ajudar enquanto ainda estou livre da fúria dele.

— Por que você teme tanto a Lagisher?

— A rainha cobra era a única que proporcionava algum prazer a ele. Eu, quando conquistei esse domínio, roubei-a dele e a transformei em minha escrava. É preciso eu dizer por que o temo tanto?

— Eu o compreendo, companheiro — respondeu Samuel.

— O que me acontecerá, caso ele venha a descobrir que reduzi a um ovoide uma escrava dele, Mago Negro? — perguntou a princesa, visivelmente perturbada por ver o estado em que se encontrava o, até há pouco, todo-poderoso senhor do domínio em que estava.

— O nada será pouco para você, princesa. Ele é capaz de explodir as Sete Porteiras com o poder de seu cristal negro, caso isso seja preciso para ele alcançá-la! — respondeu o encapuzado.

— Tem certeza disso?

— Se tenho? Quando você ainda era um espírito que mal engatinhava na sua existência como ser humano, Lagisher já dominava nos infernos como um dos sete grandes. Se, ao lado dele, eu participei desse tempo maldito, também conheço tudo o que ele pode, e faz, em um acerto de contas final.

— Mas e se eu acabar com ela e sumir com o seu ovoide? Ele nunca a achará, nem quem a reduziu ao nada, certo?

— Como você é idiota, princesa! — exclamou o encapuzado, já irritado com a insistência da companheira em acabar definitivamente com a rainha cobra. E explodiu de vez, dizendo: — Assim que ele olhar para mim, arrancará tudo o que quiser. E a primeira coisa que vai querer saber é onde está a escrava que roubei dele. Daí em diante, não será preciso o Senhor do meu amigo executor a sentenciar, pois todas as fúrias dos infernos serão lançadas contra você, por Lagisher.

— Afinal, o que essa escrava significa para ele? — perguntou a princesa, já com receio da vingança de um grande Mago da Luz Negra.

— Isso não é o mais importante, princesa. Mas sim, o que ela é dele, e o que para ele ela significava!

— O que ela é dele, Mago maldito?

— Esposa, princesa.

— O que ela significava? — perguntou já trêmula a princesa.

— Isso sim, é o importante! — exclamou ele.

— Fale logo, Mago maldito. — clamou ela, muito assustada — O que ela significava para ele?

— O que para mim ela significou, oras.

— Seja mais claro e objetivo, Mago Negro. Por favor! — implorou a princesa, já temendo pelo pior.

— Lagisher tinha nela o único meio de se descarregar do imenso acúmulo de energias geradas a partir dos seus desejos, sob os quais sucumbiu quando ainda vivia no corpo carnal. Ela, por ter sido a esposa dele no plano material, trazia em espírito uma vibração afim com as dele que lhe permitia se descarregar nesse sentido, ainda que pequeno ou quase nenhum fosse o prazer. Mas sempre era um alívio livrar-se daquelas energias que quase o enlouqueciam e o levavam a se assenhorear de tantos espíritos femininos quantos fossem necessário para, ainda que às custas da destruição desse sentido nelas. E se você não sabe, essa é a maldição dele, e a minha também, pois eu havia sido amante dela desde a época em que nós três vivemos no plano material. Mas isso é outra história, e já não importa mais ser contada, ainda mais a uma condenada.

— Será que ainda me resta algum meio de evitar que ele me destrua após destruí-la, Mago Negro?

— Como você é idiota, princesa! Só um grande Mago da Luz Cristalina tem o poder de deter um ser igual a Lagisher.

— Só?

— Isso mesmo. E ele prometeu ajudar-me. — murmurou o Mago Negro, já estendendo a mão esquerda para Samuel, que espalmou sua esquerda um pouco mais acima da dele; então, irradiando um facho negro penetrante, buscou a tal pedra negra no mais íntimo de Ligoresh, dizendo:

— O primeiro passo rumo à tua recondução aos limites da Lei já deste, companheiro. Os outros serão só consequência desse primeiro passo, certo?

— Confio em você, grande Mago. Coloco-me sob sua proteção a partir de agora, e de agora em diante suas ordens serão meus desejos; seus desejos serão minhas vontades; e suas vontades serão minhas ordens a cumprir e meus desejos a se realizarem.

— Tudo farei para colocá-lo em uma posição tal que, quando sua hora final chegar, ela chegue para você em uma boa hora.

Samuel já ia se retirar quando a princesa pediu:

— Não se vá, executor. Afinal, já não sinto o menor desejo de acabar com a rainha cobra.

— Por que a odeia tanto, princesa?

— Isso não importa, executor.

— O que importa realmente, princesa?

— Que ela sempre foi um tormento para mim e que, de agora em diante, nunca mais cruzará meus caminhos, pois logo será punida pelo tal Mago da Luz Negra por tê-lo traído com um dos seus magos.

— Como você pode ter certeza de que ela será punida por isso?

— Eu vou sair daqui e revelar a ele que descobri que ela o traía, executor. Com isso feito, ele não desviará para mim a fúria que tem reservado para esse Mago Negro idiota.

— Não faça isso, princesa. Se você for até ele, encontrará sua sentença final na fúria dele.

— Já estou indo — disse ela, antes de desaparecer da frente deles.

Samuel ativou mais uma vez o cristal e assistiu à conversa da princesa com Lagisher que impassível e em silêncio a ouviu. E quando ela se calou, ele perguntou:

— Mesmo sabendo disso, você não a puniu por mim?

— Ah, puni sim. Infligi-lhe um castigo que nunca mais será esquecido por ela. Mas isso só me foi possível depois de tirá-la do Exu da Porteira, que também é um dos executores da Lei que servem nas Sete Encruzilhadas.

— Você fala de Samuel?

— Ele mesmo. E desconfio que corre perigo, pois certamente ele o destruirá, já que já sabe que você é um grande Mago da Luz Negra.

— Será possível que corro esse risco, princesa?

— Não tenho dúvidas, Exu Rei. E ainda mais que ele prometeu ajudar o teu antigo escravo Ligoresh, que, em sinal de submissão, entregou a Samuel a tão temida pedra negra que trazia em si mesmo.

— Até isso Ligoresh fez ao submeter-se a Samuel?

— Sim. E tudo porque Samuel prometeu sustentá-lo no Trono da Cobra Humana!

— Incrível! — exclamou o senhor Exu Rei. — Tem mais alguma coisa a dizer-me, princesa?

— Só mais uma, poderoso Exu Rei! Se houver no seu íntimo algum ressentimento por causa da punição que apliquei à sua esposa, então use do seu poder e me puna segundo seus princípios e os princípios que o regem.

— Por que eu haveria de punir você se só quis me ajudar?

— Isso é verdade, poderoso. Foi por isso que assim que escapei deles, vim até aqui para alertá-lo.

— Obrigado, princesa. Jamais me esquecerei de tudo o que me revelou, nem do que está fazendo por mim.

— Não quer punir-me por ter surrado sua esposa?

— Se houver punição por ter feito isso, que ela venha pelas mãos do senhor Ogum Megê, meu senhor e meu sustentador nesse grau de servo da Lei e da Vida nas linhas de Lei da Umbanda. Parta em paz, pois, ainda que não acredite, sou grato por ter tentado fazer algo por mim.

— Ainda conto com sua gratidão, poderoso Exu Rei das Sete Encruzilhadas?

— Claro que sim. Mais uma vez me mostrou como são falsos os espíritos humanos, e que devo acautelar-me quando os ouvir. Jamais a perfídia humana se mostrou tão claramente aos meus olhos, ainda que tenha sido pelos seus lábios, não muito humanos. Siga em paz até onde possível lhe for, princesa.

— Com sua licença, poderoso.

A princesa volitou e retornou aos domínios das Sete Porteiras, seguida pela visão do Exu Rei, que assim que a viu fora de seus domínios, mais uma vez cobriu o rosto com as mãos e, em um urro de dor, exclamou:

— Meu senhor, até quando terá de ser assim? Eu já não aguento mais a perfídia humana, senhor meu!

E ali ficou, com o rosto coberto pelas mãos.

No outro extremo daquele drama, Ligoresh, muito assustado, gemeu:

— Não! Agora é que estou perdido, grande Mago. Lagisher me reduzirá a pó quando colocar as mãos em mim.

— Está tudo bem, companheiro. Acalme-se, pois vou cuidar da rainha Cobra que está sofrendo. Eu não posso ter minha atenção distraída pelo seu medo infundado.

— Grande Mago, você não ouviu o que ele disse sobre a perfídia humana? Isso não o preocupa?

— A perfídia, sim. Mas Lagisher não estava se referindo a ninguém mais além da princesa. Era sobre o que ela tão bem articulou para acabar com a rainha Cobra, contigo e comigo, assim como com ele, que o revoltou tanto. Ou não lhe ocorre que, sendo ele um grande Mago, já não estava vendo e ouvindo o que aqui se fazia e falava?

— Será?

— Não tenho dúvidas disso, companheiro. Portanto, fique calmo enquanto curo Hineshi. Comece a meditar sobre o poder das palavras e como podem ser usadas tão imaginosamente pela perfídia humana, certo?

— Você precisa vigiar Lagisher, grande Mago!

— Já lhe disse que enquanto eu não retornar, de lá ele não sairá. Portanto, comece a meditar sobre quanto tem recorrido à perfídia para se livrar daqueles que imaginariamente o ameaçam.

— É, eu recorri a ela muitas vezes.

— Eu sei que recorreu. Medite e me deixe fazer o que tenho de fazer por Hineshi, certo?

— Sim, senhor.

Samuel voltou toda a sua atenção para a rainha Cobra e, ajoelhando-se ao lado dela, começou a acariciar-lhe a cabeça ofídica, pois do pescoço para cima ela era cobra. E começou a fortalecê-la com suas energias, até que ela abriu os olhos e perguntou:

— Onde estava, mestre?

— Preparando o teu retorno à vida, irmã amada.

— Falhei em guardar teus pertences, não?
— Muito pelo contrário. Jamais alguém defendeu com tanta bravura o que a mim pertence. Só não entendo por que não reagiu quando a princesa investiu contra você, se podia tê-la fulminado com sua mão esquerda.
— Pude aprender poucas coisas com o senhor, mas foi o bastante para compreender que ou eu recolhia minha mão esquerda diante da Lei ou meu drama pessoal jamais teria um fim. Estou tão cansada!
— Está esgotada. Só isso, irmã do meu coração!
— Não é esse o meu cansaço, mestre.
— Se não é esse, qual é ele, querida?
— Refiro-me ao cansaço de ter sido sempre conduzida ao encontro do mal e ter sido usada por ele sem um minuto ao menos de descanso. E, se para me manter viva eu tinha de me alimentar do mal e no mal viver, então é melhor que agora tudo termine de uma vez para mim.
— Muitas coisas já terminaram para você, irmã amada. Mas outro tanto está à espera de seu retorno à vida para serem iniciadas. Vou curar seu corpo e aí continuará aprendendo sob meu amparo, está bem?
— Não adiantará nada o senhor curar-me.
— Por que não?
— Eu não quero voltar a ostentar um corpo atraente, se mulher não posso voltar a ser, pois mulher deixei de ser há muito tempo.
— Eu posso anular em você essa sua aparência, querida!
— Não pode.
— Por que não?
— Eu a desejei para me livrar do incomodo que era a obsessão de Lagisher para comigo. Eu tive de suportar por milênios incontáveis o incômodo das energias negativas dele sendo despejadas no mais íntimo do meu ser. Mas se isso eu suportava, era para evitar que outras, tão infelizes quanto eu nesse sentido, fossem totalmente destruídas, caso a elas ele tivesse de recorrer. E não foi só a ele que tive de suportar, pois Ligoresh traz em si o mesmo mistério negativo que ele. Não imagina quanto me foi difícil, mestre que nunca tive para me mostrar que a vida pode ser boa se a entendermos de verdade. O pouco tempo que o segui, entendi que ou deixo de viver ou continuarei a contrariar a vida.
— Você aprendeu tanto e agora se entrega sem lutar?
— Não sou digna de ser sua pupila, mestre.
— Eu não a compreendo, querida irmã. Por que não me fala do que tanto a enfraquece?
— Não quero mais, nunca mais, voltar a ostentar um rosto humano, mestre amado.

— Só porque eles a incomodaram?
— Não é só por isso.
— Então não a entendo, irmã que amo muito.
— Eu vou tentar ser compreensível, mas, depois, faça-me dormir o sono eterno dos desmemoriados, está bem? Promete me conduzir ao sono eterno?
— Farei isso caso não encontre em mim um meio de reconduzi-la em equilíbrio à vida plena, está bem?
— Eu sei que não tem esse meio!
— Isso veremos, depois de ouvir suas razões de renunciar à vida. Agora, fale-me delas, sim?
— Eu falo, mestre. E lhe digo que tudo começou quando eu vivia no plano material. Lagisher tinha verdadeira obsessão sexual por mim por causa da minha beleza. Mas isso ativava nele um desejo tão intenso, que sucumbiu ao perceber que eu não era capaz de suportar todas as vezes que desejava me possuir como mulher. Ele, contrariando os preceitos do grau de grande Mago da Luz Cristalina, começou a possuir outras mulheres tão belas quanto eu; e se isso o ajudou no plano material, tornou-se um tormento para ele quando se viu no plano espiritual negativo, após desencarnar.

Então começou a se perder e, em uma ação louca, transferiu para a sua esquerda todo o poder que ainda possuía na direita, pois assim podia dar aparências femininas belíssimas aos espíritos femininos caídos, só para descarregar nele as as energias geradas por seus desejos incontroláveis.

Eu, de onde me encontrava, assistia à queda dele sem nada poder fazer. Mas se de onde eu estava nada podia fazer, acreditei que se fosse até onde ele estava, poderia ajudá-lo. E fui, de livre e espontânea vontade ao encontro dele, àquela altura que ele já era um dos mais temíveis senhores das trevas.

Após muito falar com ele sobre os erros que estava cometendo, consegui dele uma promessa de não mais descarregar suas energias negativas em outros espíritos femininos. Mas só consegui tal coisa renunciando à luz e jurando ficar nas trevas para que ele as descarregasse em mim.

E não foi só a ele que assim servi, pois a Ligoresh tive de servir, uma vez que, ainda no plano material, Lagisher havia me obrigado a seduzi-lo, porque ele havia descoberto os seus desvios como grande Mago e ia denunciá-lo ao conselho dos guardiões do tempo. Seduzido por mim, pois secretamente me amava, uniu-se ao grande Mago Lagisher e também se entregou aos mais devassos desejos, revezando-me alternadamente entre eles.

Eu aceitei o preço a ser pago e tudo fiz para reequilibrá-los. Mas falhei quando minha capacidade de receber as energias deles alcançou meus limites e me tornei insensível nesse sentido. Deixaram-me de lado e voltaram aos seus velhos hábitos.

Mas, certa vez, Ligoresh levou-me para seus domínios e prometeu me ajudar caso eu o servisse sob essa aparência que agora possuo. E só aceitei depois de ele me garantir que um dia eu seria curada, bastando eu ir descarregando pouco a pouco com os espíritos masculinos que aqui caíam as energias negativas acumuladas nesse meu sentido.

No princípio, relutei. Mas o incômodo era tão grande que cedi à tentação de deixar de ser incomodada e comecei a possuir espíritos humanos masculinos.

Só que havia um problema, mestre. Toda vez que eu descarregava um pouco delas, Ligoresh me possuía e o incômodo retornava. Quando não suportei mais, comecei a tramar a queda dele e o destronei.

Então assumi o Trono desses domínios e usei do poder para livrar-me do incômodo que tanto me atormentava. Ultrapassei os limites desse Trono e comecei a invadir domínios alheios, só para aprisionar espíritos que ainda tivessem energias que pudessem provocar em mim a descarga das energias que tanto me incomodavam.

Então caí, mestre amado. Se não desejo me levantar mais, é porque me cansei de transformar espíritos humanos em répteis, uma vez que quando os seus estímulos alcançavam um ponto em que eu ficava pronta para a descarga, eu cravava neles as minhas presas, transformando-os em homens serpentes, pois este é o mistério desse Trono das Trevas.

Não imagina quanto remorso tenho sentido depois que comecei a acompanhá-lo e ver que a vida tem um meio positivo de impor a Lei sem que ela deixe de existir. Mas o que mais me incomodava, e que me impediu de reagir à investida da princesa, é que vi no senhor um meio de me ver livre do meu incômodo de uma vez por todas, ainda que o preço fosse a sua anulação como homem. Mas se um dia o preço a ser pago foi minha vida, e sem ter conseguido o que eu queria, que era reequilibrar Lagisher e Ligoresh, então o melhor era deixar que me anulassem antes que eu viesse a causar-lhe algum mal.

Ainda mais que, mesmo sendo quem sou, comecei a amá-lo, porque outro espírito igual ao senhor jamais vi em toda a minha maldita existência.

— Tua existência não é maldita, Hineshi. Eu, assim que te vi, vi um instrumento da Lei sendo usado de forma negativa, mas com tanta intensidade que tu estavas prestes a te perder para todo o sempre. E se, diante do meu senhor, prometi ser instrumento da Lei, então, obedecendo aos ditames da Lei, à vida te devolverei, ainda que isso custe a minha vida.

— Não pode e não deve sacrificar-se por mim, amado mestre. Continue a realizar suas missões junto daqueles que ainda têm em quem se agarrar para continuarem a viver. Eu já estou à margem da vida. Continue sua caminhada luminosa, homem que nunca vou poder amar.

— Por que nunca poderá me amar?

— Porque, mesmo sendo o que sou, ainda assim encontrei alguém digno de ser amado em todos os sentidos da vida. Pena que para mim isso só tenha surgido quando eu não tinha mais o direito de viver.

— Você me viu ir ao encontro daqueles que já estavam condenados pela Lei e só faltava ser emitida uma sentença final, não?

— Sim, eu vi o que fez. Sabe o que mais o enobreceu segundo meus conceitos?

— Não. Mas estou curioso em saber.

— Foi quando abdicou do direito de curar os espíritos esgotados e indicou àquela doutora todos os enfermos que estão naquele domínio negativo. E o mesmo fez com aquele seu colega médico. Lembra-se?

— Lembro-me, sim.

— Nunca antes eu havia visto algo igual. Podia ter conquistado seu grau de curador se tivesse trazido à luz seu próprio hospital para recolher nele os caídos. Aí já seria um curador maior que muitos dos que atuam no Campo-Santo, mestre amado.

— Talvez isso seja verdade. Mas uma curadora como você jamais vi, querida! Abdicou à própria vida só para tentar impedir que Lagisher e Ligoresh continuassem a anular outros espíritos femininos caídos sob os domínios das ilusões. Outra parecida com você, já vi. Mas igual, duvido que em minhas andanças outra igual a você eu venha a encontrar. Eu a amo, Hineshi!

— Como pode amar alguém que tem uma cabeça de cobra onde deveria haver um rosto?

— Eu te amo a partir dos sentimentos que te levaram a renunciar à luz só para tentar regenerar Lagisher e Ligoresh. Espíritos iguais a ti são raros, muito raros!

— São sim, grande Mago da Luz Cristalina — falou alguém atrás de Samuel. Ao se virar, deparou com o Exu Rei das Encruzilhadas. Ligoresh assustou-se, pois estava com toda a atenção voltada para Hineshi, e exclamou:

— Não o avisei que Lagisher viria se vingar? Eu o preveni, não?

— Cale-se, Ligoresh! — bradou Lagisher. — Se eu quisesse acabar com você, não precisava abandonar meu Trono. O que me trouxe até aqui é que eu assistia à tentativa do grande Mago em devolver Hineshi à vida, e resolvi dar minha contribuição a ele, pois, se sou um caído, reconheço que não tenho o direito de impedir que ela finalmente fique livre de minha incômoda presença em sua vida.

— Acabe de vez com meu sofrimento, Lagisher — pediu a rainha Cobra, quase em um sussurro.

— Não vim com outra coisa em mente que não uma vontade incontida de reparar um dos maiores, senão o maior, dos erros cometidos em minha maldita existência. Eu vim pedir-lhe perdão, espírito incomum!

— Você está pedindo perdão a alguém, Lagisher?

— Não estou me dirigindo simplesmente a alguém, Hineshi. É a você que estou pedindo perdão, pois descobri que se não fosse por sua ajuda, há muito eu já teria sido ceifado pelo alfanje da morte ou pela espada da Lei. De algum tempo para cá, tenho me questionado muito sobre o que tenho sido de verdade.

— O que descobriu sobre si mesmo, Lagisher?

— Descobri que sou um instrumento da Lei nas trevas, pois muitas vezes avancei sobre os piores e mais perigosos demônios e os reduzi ao nada, quando meu único objetivo era ser destruído só para escapar do jugo do meu tormento.

A Lei, por causa de princípios que desconheço, em vez de me anular, só tem aumentado os meios negativos à minha disposição. E, se os tenho usado moderadamente, tem sido com um único objetivo: fechar alguns dos muitos livros de acertos de contas ainda abertos em minha vida.

E o livro que tenho em comum com você tem tantas páginas, que já não suporto mais o peso dele!

— Por que ele te pesa tanto, Lagisher?

— Para entender, só se você pudesse vê-lo, Hineshi! Se você abdicar de sua vida, retornarei aos infernos e lá ficarei até que o alfanje da morte ou a espada da Lei acabem de uma vez por todas com o meu tormento que tão bem conhece, pois, uma segunda chance, seres como eu não têm diante da Lei.

— Por que voltar àquela vida sem sentidos, Lagisher?

— Que sentido ela terá para mim se verei desaparecer a única criatura que renunciou à própria vida para tentar me regenerar?

— Eu falhei com você, Lagisher! E comigo também, quando recorri a meios semelhantes aos seus para livrar-me do meu incômodo. Não sou especial em nada e é melhor eu sumir de vez também.

Volte ao seu posto e continue a servir a Lei, porque mais tempo menos tempo ela o libertará do seu tormento, Lagisher. Para você, tudo é uma questão de tempo!

— Não voltarei, Hineshi.

— Por que não?

— Estou cansado de contemplar as prisões das Sete Encruzilhadas e ver espíritos femininos reduzidos a uma apatia igual à que agora a subjuga para, pouco depois, novamente sob o domínio do meu tormento, subjugar outra, ainda latejando vida, e possuí-la unicamente para acalmar meu tormento.

— São muitas, Lagisher?

— Muitas mais do que imagina. Já perdi a noção do número delas. E, se eu retornar para lá, muitas mais adicionarei. Também estou cansado, Hineshi!

— Todos estamos cansados dos nossos tormentos! — murmurou Ligoresh. — Eu até pedi ao executor que tirasse de mim o cristal negro que me dava poderes ilimitados, Hineshi!

— Você teve coragem de renunciar ao seu cristal negro, Ligoresh?

— Eu tive. Afinal, já ultrapassei todos os limites estabelecidos para mim pela Lei e agora espero ter uma nova oportunidade de servir ao senhor Oxóssi dentro dos limites humanos das linhas de Lei.

— Está falando isso só para iludir-me mais uma vez, Ligoresh?

— Eu nunca a iludi, Hineshi. Quando lhe disse que se ficasse sob minha proteção Lagisher nunca mais a tocaria, eu não menti, porque nunca mais ele a tocou.

— Mas você me tocou.

— Isso eu não havia prometido, havia?

— Não havia, não. Mas, e quanto ao que disse sobre o tal gênio protetor desse Trono maldito?

— Eu não menti! Ele havia me dito que, se ficasse comigo, um dia você ficaria livre do nosso tormento.

— "Um dia", Ligoresh? Você disse: um dia?

— Bem, eu omiti essas duas palavrinhas do final de uma grande frase oracular. Mas isso é só um detalhe, Hineshi, pois esse dia finalmente chegou.

— Quando já não quero mais viver?

— Você tem de lutar contra essa apatia!

— Para continuar assim, disputada por você e Lagisher eternamente?

— Eu já renunciei a você em todos os sentidos, quando concordei em aceitar a ajuda da princesa.

— Renunciou tarde, Ligoresh. Eu também renunciei à vida quando vi que eu nunca conseguiria me livrar de vocês.

— Perdoe-me, por favor! Eu não sabia que um Guardião da Lei havia assumido o seu destino e estava reeducando-a e redirecionando-a enquanto a regenerava diante dos olhos da Lei.

— Ele já havia me devolvido muitos sentimentos adormecidos em meu íntimo, Ligoresh.

— Olhando-a melhor, vejo que isso ele conseguiu, pois não odeia mais nem a mim nem a Lagisher, os seus maiores tormentos.

— Isso é verdade. Já não odeio mais ninguém, nem a vocês dois, pois descobri a verdade sobre os tormentos.

— Qual é a verdade dos tormentos, Hineshi?

— Os tormentos nada mais são que a ausência de encantos em nossas vidas, escrita com letras doloridas em um volumoso livro negro, que tem uma similaridade muito grande com a vida de todo caído: a perda dos encantos da vida!

— É isso mesmo, Hineshi. Quando minha pedra azul deixou de refletir sua luz e se tornou negra, os encantos de minha vida desapareceram e deram seus lugares às fascinações. Fascinado eu fui, e na fascinação passei a viver desde então. Afinal, do que me adiantou tantos poderes se além de ter atormentado a única mulher que amei no plano material, não consegui amar de verdade nenhuma outra, ainda que desse a todas elas as mais belas aparências humanas?

— Perdoa-me? — pediu Ligoresh, descobrindo o rosto e se mostrando a ela.

— Você não tem mais aquela assustadora cabeça de cobra, Ligoresh?

— Não. Assim que o grande Mago da Luz Cristalina me livrou do domínio do cristal negro, recuperei minha capacidade de plasmar a aparência humana que um dia tive quando vivi no corpo carnal. Volte à vida por mim, Hineshi!

— Por que eu haveria de voltar, Ligoresh?

— Não tenho menos livros abertos que Lagisher à espera de desfechos e fechamentos de contas aceitáveis aos olhos da Lei. Sabendo que você voltou à vida, ainda que dure toda a eternidade, nenhum deles ficará inconcluso, pois terei em mente que o meu maior erro foi reparado.

— Renunciei à vida para ajudá-los. Mas, como falhei, não encontro razões para continuar a viver, irmãos amados.

— Nós não temos o direito de exigir nada de você, Hineshi. Mas, ao menos, perdoe-nos, está bem? — clamou Lagisher, ajoelhando ao lado dela e segurando uma de suas mãos, feridas pelo chicote da princesa das Sete Porteiras.

— Eu os perdoo, irmãos amados. Mas quem deveria ser perdoado aqui sou eu, pois, ao renunciar à luz, tive como razão a me mover o resgate de vocês dois e falhei, errei e pequei aos olhos da Lei, que nunca deixou de vigiar cada um de nós o tempo todo. Perdoem-me antes da chegada do gênio das trevas que se assenhoreou do meu destino quando aceitei sua oferta, Ligoresh.

— Você o chamou mentalmente?

— Sim.

— Que loucura! Isso não se faz sem uma boa razão, Hineshi. Afinal, certos ou errados, em último caso é ele quem nos dá sustentação em nossas ações...

— Negativas, não?

— Sim, negativas, Hineshi.

— Pois digo que também estou muito cansada de só agir sob impulsos negativos — falou ela em um sussurro a Ligoresh, que a segurava pela outra mão na tentativa de mantê-la consciente quando mais ela desejava a inconsciência absoluta. E na sua agonia final, ela ainda falou: — Meu Deus, como eu gostaria de ter ao menos uma razão humana para retornar à vida como eu sempre sonhava vivê-la quando ainda havia vida em mim!

— Eu tenho essa razão, Hineshi — falou Samuel, que até ali se mantivera calado. — E muito me alegrarei se puder transmiti-la a você por meio do único meio que conheço.

— Que meio é esse, mestre amado?

— Amando-a com todo o meu amor e lhe dando uma das razões da vida para retornar a ela.

— Que razão é essa, mestre generoso?

— Um hospital mil vezes maior que aquele que aquela doutora fez surgir e que tanto te encantou. Ainda te lembras dele, não?

— Como me esquecer, se foi a coisa mais linda que já vi em toda a minha existência maldita.

— Tua existência não foi maldita, Hineshi. Apenas não consegues ver que se em certos momentos tuas ações foram brutais, assim agiste só por estar em um meio que, por natureza, é brutal, porque tem por finalidade anular os sentimentos negativos dos brutos. Mas aos meus olhos, outra mulher tão amorosa quanto tu jamais verei!

— Não diga isso, mestre amado. Eu, que cheguei a pensar em anulá-lo só para me livrar desse incômodo que tanto me atormenta, não sou digna de ser vista com amor pelos seus olhos tão encantadores.

— Hineshi, permita que eu a livre desse tormento que tanto a incomoda.

— Fala comigo como falava com aqueles espíritos caídos?

— Sim. E, se com eles eu estava sendo sincero, com você estou sendo mil vezes mais, porque sei que posso ajudá-la e dar-lhe uma razão para viver por toda a eternidade sob o manto protetor da vida, onde só realizará ações positivas.

— Que ações serão essas, mestre amado?

— Cuidar de tantas irmãs nossas que já não têm razões para retornar à vida porque foram tão incomodadas por seus tormentos, que à vida renunciaram.

— Como fazer isso, se eu mesma já não encontro em mim razões para viver?

— Eu não sou uma boa razão para você, que ouvia com atenção tudo o que eu falava e realizava porque queria seguir uma trilha luminosa?

— Eu estava no desespero do remorso, mestre amado. E vi no senhor um anjo quando me tirou da prisão das Sete Porteiras. Naquela aflição em que eu me encontrava, outro ser mais puro, luminoso e de olhos tão límpidos não poderia ter surgido para me dar uma esperança de vida digna. Mas eu me tornei indigna do senhor quando o desejei só para me livrar do meu incômodo. O senhor não imagina como essas energias acumuladas em meu íntimo me atormentam. Às vezes imagino, ou sinto, pois ao certo não sei o que comigo está acontecendo, que mil cobras estão me picando no mais íntimo do meu ser. E isso só se acalma quando destruo mais uma vida humana.

— Eu a compreendo, irmã amada. São as energias sexuais negativas acumuladas no seu sétimo sentido que se transformaram em agulhas que a perfuram a partir do seu íntimo.

— Isso não tem cura, mestre amado.

— Isso tem cura, desde que as razões dela sejam positivas, sejam amparadas pela Lei e sejam abençoadas pela Vida.

— Quais são essas razões, mestre amado?

— As tantas iguais a você que à vida renunciaram só para não sentirem mais os incômodos dos seus tormentos. E, se curá-las não for uma razão forte, então não tenho mais nenhum motivo para continuar minha iniciação como curador de almas.

— O senhor pode curá-las?

— Só depois de te devolver à vida com uma das razões dela a sustentá-la de tal forma que nenhuma dúvida sobre teus sentimentos a vida tenha.

— Só de imaginar quanto elas devem estar sofrendo o meu tormento me é suportável pois se Ligoresh e Lagisher descarregaram nelas as suas energias foi porque não consegui anular neles o desvirtuamento de seus sétimos sentidos.

— Então permita que eu a cure com o que trago em mim, mas que até há pouco eu ocultava de todos porque sentia vergonha de ter em mim algo tão poderoso que, se usado sem o amparo da Lei e da Vida, se tornará um dos meus tormentos.

Vendo você sofrer tanto, e tendo em mim esse princípio curador, já não posso ocultá-lo de mim mesmo. Ou ativo esse princípio curador ou sucumbirei diante do que a Lei está exigindo de mim neste momento.

— O que lhe está sendo exigido, amado mestre?

— Que eu a devolva à vida. Ou faço isso por você ou serei atormentado para sempre, porque as energias negativas acumuladas em você despertaram em mim um princípio curador tão poderoso, mas tão poderoso, que, assim que eu a tocar, os milhares de anos que viveu sob o domínio de um tormento irão se transformar em uma eternidade do mais puro prazer.

— Que poder é esse, mestre amado?

— É o oposto daquele que Lagisher despertou em si mesmo sem saber como dominá-lo.

— O senhor sabe como dominá-lo?

— Ainda não. Mas a vida certamente fará isso por mim, porque só o usarei para devolver à vida quem a ela havia renunciado, pois não suportavam mais sofrer o incômodo dos seus próprios tormentos.

— No final, meu tormento também o atingiu, amado mestre. Se renunciei à vida, foi unicamente para não atingi-lo. No entanto, já era tarde. O senhor já havia sido atingido por mim quando nossos olhares se cruzaram pela primeira vez, não?

— Nada acontece por acaso, irmã amada. Alguém teve suas razões ao proporcionar-nos um encontro tão denso de emoções naquele dia, no ponto das Sete Porteiras, não?

— É, deve ter tido sim. Mas agora é tarde demais, pois o gênio que me sustentava está se aproximando para me levar e me livrar do meu tormento.

— Nenhum gênio a levará. Não agora que foi ativado em mim o princípio que pode curá-la.

— Mas ele terá de levar alguém, mestre amado.

— Você não será levada, porque ele não leva quem ainda tem cura. Ele só leva os incuráveis, irmã amada.

— Eu não vou admitir que ele leve alguém em meu lugar. Não permitirei de forma alguma!

— Isso veremos quando ele se mostrar a nós, está bem?

— Não permitirei que alguém pague o preço das minhas dívidas para com a Lei. Elas são minhas e de ninguém mais. Afastem-se, pois ele está chegando e não quero que sofram por minha causa.

Naquele momento, mil tormentos explodiram no espaço à volta deles e todos os elementos negativos se fizeram presentes, visíveis e sensíveis.

Samuel, resoluto, pôs-se de pé e falou:

— Poderoso gênio, por que tu demoraste tanto?

— Eu o observava, curador. Eu não me manifestei antes porque iria impedir a manifestação de um dos seus princípios curadores. Mas, agora que ele já se manifestou, não tenho razões para manter-me oculto dos seus olhos.

— Fico feliz que assim tenha agido. Se antes você tivesse se mostrado aos meus olhos, eu não o compreenderia e não entenderia as razões de você existir. Não imagina quanto tem sido difícil para mim conviver com lembranças tão marcantes em minha memória. Sinto muito se o fiz esperar tanto, gênio tão incompreendido, mas tão necessário aos que sucumbem ante a força destrutiva dos seus tormentos.

— Também fico feliz por, finalmente, compreender-me e entender-me. Venha, Samuel, eu o quero só para mim, ainda que seja só por um momento, mas que parecerá uma eternidade aos seus sentidos.

— Eu vou, gênio amado! — respondeu Samuel, resolutamente.

— Não vá!!! — exclamou Hineshi, em um último esforço.

Mas Samuel foi. E quando retornou, estava com o rosto banhado pelas lágrimas que havia derramado.

— O que aconteceu contigo, grande Mago? — quis saber Ligoresh.

— O que aconteceu não importa, companheiro. Mas o que comigo acontecerá, isso sim importa. E antes que venha querer saber o que acontecerá, digo que isto também não importa.

— Então, o que afinal importa, executor? — perguntou Lagisher.

— Ajudarmos Hineshi importa, e muito, companheiro de destino. Retorne ao seu posto que irei vê-lo assim que ela tiver retornado à vida plena. Caso você queira, executo a missão que lhe foi confiada e que envolve Ligoresh.

— Faça isso por mim, executor. Afinal, tenho de refletir muito sobre o tormento que incomoda tanto a mim quanto a ele. Compreende minhas razões, não?

— Compreendo, sim. Afinal, o executor de hoje poderá ser o executado de amanhã, não?

— Com certeza será. Até a vista, executor, e cuide bem de Hineshi, pois eu acreditava que ela estava oculta pela luz e, por isso, não voltei ao inferno à procura dela. Mas agora que descobri que foi o próprio inferno que a ocultou de mim, todo o meu ser está vibrando um estranho desejo.

— Que desejo, companheiro?

— O de voltar aos infernos e me transformar em um tormento de todos os atormentados que lá vivem às custas de suas próprias mortes.

— Duvido que continue a desejar isso depois que Hineshi for visitá-lo em seu domínio. E para que nenhuma tolice venha a fazer até que isso aconteça, a rainha Sikrashi o acompanhará, certo?

— Sikrashi? Ouvi bem o nome dela?

— Ouviu sim, Lagisher. Por que não confias teu cristal de grande Mago ao executor para que possamos conversar melhor? — falou-lhe a rainha dos cristais.

— Você é a rainha dos cristalinos que fulminou um antigo ocupante do Trono que agora eu ocupo, certo?

— Fui eu sim. Se não me engano, você tinha uns cortes a marcá-lo, não?

— O executor os anulou em meu corpo espiritual.

— Falaremos sobre isso também. Mas só depois de confiar teu cristal ao executor.

— Claro que o confiarei, rainha. Afinal, foi por ele não ter lhe confiado o cristal que trazia em si mesmo, que você o anulou, certo?

— Certíssimo, grande Mago da Luz Negra. Mas, sobre isso, mais tarde também falaremos.

— Já vislumbro a face do meu executor, ou melhor, executora — afirmou o Exu Rei, enquanto estendia a mão esquerda para que Samuel retirasse o cristal de grande Mago que havia em seu íntimo.

Quando o viu na mão de Samuel, murmurou:

— Pode parecer estranho, mas enquanto você o retirava, senti que meu tormento também era retirado.

— Foi sim — confirmou Samuel. — Afinal, se eu quiser ser um bom curador, não posso anular um mal sem ao mesmo tempo anular a causa dele. E, se não me engano, tanto em você quanto em Ligoresh a razão do mal estava no fato de possuírem cristais mágicos. Agora, deixem-me a sós com Hineshi, porque preciso curá-la.

— O que eu faço, grande Mago? — perguntou Ligoresh.

— Volte ao seu posto no Trono desse domínio até que eu tenha condições de proporcionar-lhe uma atenuante para que possa ser julgado pelo senhor Oxóssi.

Samuel recolheu Hineshi nos braços e volitou até um lugar muito bonito, onde tudo combinava com tudo, pois a harmonia era absoluta. Então perguntou a ela:

— Este lugar te agrada, querida irmã?

— Por que me pergunta isso, mestre?

— Só diga se te agrada ou não, certo?

— Tudo aqui é bonito.

— Ótimo. Agora vamos ver outros lugares até encontrarmos um que, além de bonito, tenha algo que transcenda à beleza.
— Que algo é esse que transcende à beleza, amado mestre?
— Encanto, querida. Sem encanto, a beleza de um lugar não é superior à de todos os outros. Mas, se a beleza de um lugar possuir encanto, então nunca outro lugar nos atrairá tanto quanto o que nos encantou. Se não me engano, os olhos femininos são dotados de um poder todo especial para descobrir lugares encantadores. Logo, vamos atrás do lugar que encantará teus olhos de mulher, certo?
— Meus olhos são os de um réptil, mestre amado.
— Isso é o que você pensa. Mas a verdade é que são de uma linda mulher de olhos azuis que me encantaram assim que os nossos olhares se cruzaram pela primeira vez.
— Meus olhos são castanhos, mestre.
— Os que vi eram azuis. Logo, azuis são teus olhos, querida irmã!
— Deve estar havendo algum engano.
— Já sei o que é. Você ainda se vê como uma cópia astral do corpo que possuía no plano material. Mas não é assim que eu a tenho visto, porque a vejo a partir do seu íntimo, querida.
— Como isto é possível, ainda que para o senhor muitas coisas sejam possíveis?
— Isso, ensinarei depois de encontrarmos o lugar que encantará esses teus lindos olhos que tanto me encantaram, certo?
— O senhor está tentando hipnotizar-me?
— Por que acha isso?
— Oras, não consigo desviar meus olhos dos seus!
— Talvez isso possa ser explicado pela proximidade dos nossos corpos, não?
— Como assim, mestre hipnotizador?
— Bom, eu sempre te senti, mas sempre a uma certa distância. Mas agora que te estou sentindo tão próxima, todo o meu ser vibra intensamente, querida.
— Será que é por causa dessa sua vibração que já não estou sentindo dores?
— Talvez seja a sua vibração íntima que as está anulando, querida. Ou não é verdade que seu íntimo está vibrando intensamente?
— Esse contato com seu corpo tão magnético está mexendo comigo. O que estou sentindo, realmente, é difícil de ser explicado.
— Às vezes sentimos coisas que é melhor não explicarmos, querida.
— Que coisas, mestre?

— Coisas como essa vontade que sinto de acariciar teu rosto, teus cabelos, teu corpo, enfim, tudo em ti.

— Mesmo eu não possuindo rosto ou cabelos, e meu corpo estar todo deformado?

— Já lhe disse para deixar de se ver como o que acredita ser e comece a se imaginar como alguém que nunca deixará de ser.

— Mas eu sou o que sou, mestre das palavras que me encantam e fazem-me acreditar em uma ilusão.

— Eu lhe digo que ilusão é o que você está tentando fazer consigo mesma, já que a mulher que tenho em meus braços é outra completamente diferente. Eu tenho certeza de que meus olhos não estão me enganando.

— Mestre, não me olhe assim, por favor! Seus olhos irradiam desejos e mais desejos.

— Isso a incomoda?

— Claro que sim. Eu estou a ponto de pedir que o senhor me beije tal como beijou aquela doutora tão linda. E uma cobra não tem lábios para serem beijados.

— A cobra de que tanto fala morreu quando você renunciou ao uso da força para resolver situações insolúveis e só resolvê-las pela razão e pelo coração, querida. Permite que eu a deite nesta relva macia só para lhe mostrar quanto está enganada sobre você mesma?

— Como eu gostaria de acreditar que tenho olhos azuis e longos cabelos cacheados, tal como vejo em teus olhos a imagem que faz de mim.

— Permita então que eu a deite nesta relva macia, querida e, também, que me deite ao seu lado só para poder contemplar mais de perto toda a sua beleza, que me encantou desde que a vi pela primeira vez.

— Teu poder é tanto que até isso estou desejando. Deita-me, e ao meu lado deites também, por favor, pois não quero deixar de sentir teu corpo junto ao meu. É tão gostoso senti-lo encostado em mim!

Samuel deitou-a e, depois de se ajeitar ao lado dela, correu a mão pelo seu corpo bem devagar e parando-a em certos momentos, quando com ela pressionava levemente e fazia com que Hineshi fechasse os olhos e dissesse:

— Como é delicioso o contato dessa tua mão bendita, mestre amado. Teu poder é tanto que ultrapassa este insensível corpo plasmado e toca um corpo imaginário que vejo teus olhos refletirem.

— Meus olhos só refletem o que está na minha frente, minha amada Hineshi.

— O senhor disse minha amada?

— Sim.

— Por quê? Não sou só a sua irmã amada?

— Nunca deixará de ser minha irmã amada. Mas já é muito mais que uma irmã para mim, querida, linda e encantadora mulher! Que cabelos! Como são encantadores esses cachos dourados! Posso acariciá-los com minhas mãos?

— Mestre, está me deixando tão confusa.

— Por que elogio tua beleza?

— Sim. Afinal, já não sei se acredito que sou o que sou ou se acredito no que o senhor diz que sou.

— Sou falível como todos os seres humanos. Mas não posso duvidar do que posso ver, tocar e sentir, certo? Ou não são dourados e cacheados estes teus lindos cabelos em minha mão? — perguntou Samuel, enquanto levantava uma mecha do cabelo de Hineshi.

Ela olhou para o cabelo e um nó na garganta a impediu de dizer o que quer que fosse. Então fechou os olhos e, levando as mãos ao rosto, começou a se acariciar e se sentir. E quando sentiu que seus dedos deslizavam sobre um rosto humano, começou a soluçar enquanto dois filetes de lágrimas correram dos seus olhos.

Mas, quando a emoção de sentir-se possuidora de um rosto humano superou sua incredulidade diante do que com ela ocorrera, o pranto convulsivo, vindo do mais íntimo do seu ser, explodiu de forma incontida e comovente. Samuel envolveu-a em um abraço terno e a sustentou enquanto durou aquela explosão emocional.

Algum tempo depois, e ainda soluçando, Hineshi correu a ponta dos dedos sobre os lábios dele e depois acariciou os seus próprios, dizendo:

— Lindos são os teus lábios, mestre amado. E os meus, como são aos teus olhos?

— Muito lindos e tentadores, querida. Posso acariciá-los?

— Faça isto, pois por muito tempo minha sensibilidade esteve concentrada só nessa parte do meu corpo.

— Eu sei que assim foi. Mas já não é mais, pois todo o teu corpo agora é muito sensível. Ele é tão sensível que posso sentir nele a existência de outros pontos, mil vezes mais sensíveis que estes que vejo.

Hineshi, lembrando-se de quais pontos Samuel falava, levou as mãos rumo a eles para ver se realmente eram sensíveis, mas ele pediu:

— Permita que eu seja o primeiro a tocá-los, está bem?

— Por que deseja isto, querido?

— Acho que é porque, nesta tua encantadora beleza que só aos meus olhos se revelou, desejo ser o primeiro em muitos sentidos. Permita-me isso, por favor!

— Já que tudo faz por mim, nada mais justo que em mim tudo possa fazer em primeiro lugar.

— Não é por isso não, querida. Só quero poder revelar-lhe o que vi assim que a olhei pela primeira vez.

— Até esses meus lábios você viu?

— Sim. E, para não faltar com a verdade, também os desejei.

— Isso é verdade?

— Tanto é que já não tenho como ocultar de você o que sinto.

— O que já não consegue ocultar de mim, Samuel?

— As coisas que são melhor compreendidas caso as sintamos. O que acha de compreender sentindo ao que me refiro?

— Você me permite tocá-lo?

— Claro que sim. Afinal, se a mim você concedeu o direito de tocá-la, nada mais justo que retribuir com uma permissão semelhante, não?

— Muito justo, Samuel — confirmou ela, estendendo a mão até onde poderia compreender melhor o que ele já não conseguia ocultar mais. E, quando compreendeu, murmurou:

— Deve ter sido muito difícil, mesmo para você, ocultar tudo isso dos meus olhos.

— Foi sim — confirmou ele, enquanto passava a ponta dos dedos sobre os lábios dela, que, não resistindo, beijou-o e a todos os outros dedos, dizendo:

— Vi estes teus dedos irradiarem energias tão puras que, quando alcançavam seus objetivos, curavam-nos e os devolviam à vida. E agora que os sinto em meus lábios, fico a imaginar o que por mim farão quando me tocarem, Samuel!

— Não sei se serão capazes de fazer mais alguma coisa onde tudo já foi feito pela vida, Hineshi. Creio que eles só sentirão o que existe de melhor em você.

— O que é esse melhor de mim, Samuel?

— É essa tua feminilidade e sensibilidade, que tantos desejos despertam em mim.

— Não sou tão sensível assim.

— Certas coisas só conhecemos quando são mostradas por meios que ainda desconhecemos, querida. Mas, assim que tomamos consciência, outros meios muito mais sensíveis, palpáveis e desejáveis passamos a querer com tanta intensidade que até ficamos ansiosos.

— Um desses outros meios é esse que acaricio com minhas mãos?

— Aos poucos vamos descobrindo os meios que mais nos agradam, querida. Basta não nos precipitarmos, porque, nesse campo, somos eternos aprendizes a descobrir em um mesmo meio coisas que nos ativam, emocionam, despertam e completam, além de nos proporcionar prazeres nunca antes vivenciados.

— Samuel, eu o estou sentindo como antes nunca senti a outro; estou vendo-o como antes a outro nunca vi; e estou ouvindo de você coisas antes nunca ditas a mim; e também tenho a sensação de estar sendo seduzida por você. Afinal, o que você está fazendo comigo, Samuel?

— Eu estou seduzindo-a em todos os sentidos, querida e desejada mulher. Não tenha dúvidas disso!

— Você está usando o seu imenso poder só para seduzir-me?

— Estou sim.

— Não te incomodas por usar de todo o teu poder só para seduzir uma mulher, indefesa ante tanto poder?

— Nem um pouco, querida. Mas... incomoda-a saber que estou usando de todo o meu poder só para seduzi-la?

— Não só não me incomoda, como me envaidece. Não é toda mulher que tem a felicidade de ser seduzida como eu estou sendo por você que, se possui muitos recursos, está usando de todos ao mesmo tempo e se torna irresistível aos meus olhos.

— Em certos momentos devemos usar todos os nossos recursos, caso queiramos realmente alcançar a plenitude do que tanto almejamos vivenciar com quem tanto desejamos e amamos.

— Você me deixa confusa e abre todas as minhas guardas, querido.

— Afinal, sou um Porteira, não?

— Disso não tenho dúvidas. Só com esse teu olhar de puro desejo, já abres certas partes que ainda não tocaste. O que não farás quando tocar nelas?

— Isso só você poderá dizer-me, certo?

— Por que demora em fazer-me senti-lo?

— Temos todo o tempo do mundo, querida.

— O que tanto desejo sentir não resistirá a todo o tempo do mundo, querido.

Samuel correu a mão pelo corpo dela e quando deslizou seus dedos sobre ele, Hineshi fechou os olhos e contraiu o ventre como se um choque houvesse sido aplicado nela. E sua mão envolveu com força a dele. E ele, ainda correndo os dedos sobre o corpo dela, e que a cada toque um choque irradiava, beijou-a, a princípio suavemente, mas, aos poucos, mais intensamente, até envolvê-la totalmente. E não afastou os seus lábios senão quando parou para dizer:

— Como resistir ao que me pede?

— Deseja resistir?

— Posso não ser um sábio, mas também não sou tão tolo a ponto de não perceber que resistir a você como a sinto neste momento é pura perda de tempo.

— Se assim é, então não perca nem mais um segundo do seu tempo, Samuel. Você vem ou o puxo para mim?

— Por que não fazemos as duas coisas ao mesmo tempo?

Samuel foi e Hineshi o puxou, não o soltando mais até adormecer o sono que toda mulher deseja dormir: nos braços do homem amado, quer ela viva no plano material ou no espiritual. Quando acordou, outra ela se sentia. Então comentou:

— Esta relva foi a cama mais gostosa, macia e agradável em que estive em toda a minha existência. Este céu estrelado foi o mais lindo teto que me protegeu e esse teu corpo o melhor que me cobriu, tanto acordada quanto durante o sono tão delicioso que jamais antes eu havia dormido.

— Fico feliz por ouvir isso e estou muito grato por ter tido o prazer de trazer de volta para a vida alguém tão especial quanto você. E lhe digo que mil anos podem se passar sem tê-la comigo novamente, que jamais esquecerei o que com você vivenciei.

— Samuel, quero que saibas que muitas coisas eu poderia dizer por teres me seduzido com tanta intensidade e me proporcionado tanto prazer em tão pouco tempo. Mas não serão palavras que conseguirão expressar o que sinto, porque certas coisas só com outros meios conseguimos transmitir. Então, como me faltam outros meios te digo: obrigada, irmão amado, mestre insuperável e homem que nunca quero deixar de ter em minha vida, pois à vida tu me devolveste pelo prazer que me proporcionaste. Permite que sempre que nos for possível e permitido eu retribua ao prazer que me proporcionas, pois, se não estou enganada, esse sentido, agora tão ativo em ti, nunca mais conseguirás ocultá-lo, ainda que uses do teu poder.

— É, não conseguirei ocultá-lo mesmo. Como você descobriu isso?

— Não me esqueci do que você disse quando eu estava insensível à vida.

— Eu disse tantas coisas. O que foi que eu disse?

— Jamais me esquecerei de quando me disse: "Permitas que eu a cure com o que trago em mim, mas que até há pouco ocultava de todos, porque eu sentia vergonha de ter em mim algo tão poderoso que, se usado sem o amparo da Lei e da Vida, em um dos meus tormentos se tornará".

— É, eu disse isso também.

— Você finalmente despertou esse seu sentido, não?

— Despertei sim. Nunca mais poderei ou conseguirei recolhê-lo em mim mesmo ou ocultá-lo.

— Foi isso que permitiu a você retornar dos domínios daquele gênio?

— Foi o contrário que aconteceu, Hineshi. Aquele gênio me mostrou os domínios dele e me convenceu que, se posso curar por meio de minhas mãos, no entanto nem tudo podemos curar só com as mãos. Certas doenças da alma só são curadas com uma perfeita e harmônica sincronia entre olhos, mãos, desejos, sentimentos e vontades. E ele me convenceu também a não temer usar algo que em mim é positivo, pois os que têm esse algo negativo não se pejam em usá-lo, ainda que sejam destrutivos e causadores de dores e deformações mentais, emocionais e racionais, pois deformam o próprio raciocínio de quem for tocado por eles.

— Onde ficam os domínios daquele gênio, Samuel?

— Os domínios dele alcançam todos os domínios, bastando estar neles apenas uma das incontáveis Hineshis que estão a conviver com a morte nesse sentido que agora pulsa e lateja com tanta pujança em teu íntimo, tão feminino e tão sensível a esse recurso que dos teus olhos não posso e não quero ocultar.

— São tantas as Hineshis, não?

— São, sim. E onde houver uma e outro meio eu não tiver para curá-la, então esse meu recurso irá se ativar tão intensamente que, ou eu recorro a ele ou se tornará um incômodo para mim. Saiba que não existem Hineshis só no lado sombrio da vida, pois, no lado luminoso, muitas Hineshis estão a ocultar com suas luzes encantadoras a ausência da plenitude em seus íntimos, tão bem ocultados, mas agora muito visíveis aos meus olhos que, finalmente, foram abertos de vez por aquele gênio. A porteira que eu mantinha fechada só para não ver a intimidade alheia, ele não só abriu como a explodiu toda, Hineshi.

— Por que ele fez isso com você?

— Bom, ele me perguntou se era justo a alguém que só quer fazer o bem ter de sofrer de um mal que não pode revelar, pois a vergonha de revelá-lo é maior que o desejo de ser curado. Como respondi que não era justo, então ele arrancou dos meus olhos a porteira, abriu toda a minha visão e falou-me: "Onde houver um mal que não pode ser revelado, os teus olhos imediatamente o verão. E, a partir daí, esse teu sentido dotado do poder de curar será ativado, só voltando a adormecer quando você tiver realizado a cura necessária".

— Como realizará tais curas se os males estarão ocultos pelos enfermos por causa da vergonha que despertam?

— Onde houver uma Hineshi, lá está o domínio daquele gênio, certo?

— É, isso é certo.

— Então tudo será fácil para mim, pois nos seus domínios aquele gênio atuará com intensidade e, pelos meios de que dispõe, induzirá quem estiver enfermo a me revelar do mal que padece. E aí, então o meu recurso já ativado curará e voltará a ser em mim só mais um recurso.

— Samuel, eu ainda estou enferma?

— Não. Você está curada, Hineshi.

Então Samuel a convidou:

— Vamos observar outros planos da Lei e da Vida até você encontrar um que te encante?

— Duvido que outro me encante mais que este.

— Por que duvida?

— Oras, foi neste que a vida voltou a pulsar e a latejar com uma intensidade antes nunca sentida por mim, querido.

— Se assim é, então será aqui que edificará o hospital-abrigo que acolherá todas as Hineshis que começarei a curar, atendendo ao compromisso que assumi com aquele gênio.

— Eu não sou médica, como é aquela sua amiga, Samuel.

— Tem todo o tempo do mundo para ser, pois as Hineshis que acolherá aqui no começo só precisarão do apoio de alguém que as entenda e compreenda como só a Hineshi que aqui as acolherá poderá compreendê-las. E a palavra certa você sempre estará apta a dar-lhes.

— Confia a mim algo tão importante, Samuel?

— Eu não confiaria isso a você se antes "Ele" já não houvesse confiado — falou Samuel, enquanto olhava para um ponto à sua frente e caía de joelhos. Hineshi voltou o rosto para o lugar que ele olhava e, não se contendo, caiu de joelhos ante o esplendor daquele que se mostrava aos seus olhos. Mentalmente, aquela luz viva comunicou-se com eles, dizendo:

— Eu os observo desde que chegaram, e muito me alegrou quando escolheram este plano da Lei e da Vida para aqui edificarem uma morada divina que acolherá àquelas que nem viver desejam mais, filha minha! Também honrou-me ao não desejar conhecer outros planos fora dos meus domínios para semear vida, minha filha! Que seja lançada nos meus campos a semente luminosa que dará origem ao hospital-abrigo que lhe foi confiado, serva do meu Senhor!

Hineshi estendeu a mão e sentiu que algo quente, muito quente, Samuel nela colocou. Então Hineshi, após olhar para aquela pedra dourada, lançou-a à frente e quando ela tocou no solo aconteceu uma explosão energética e luminosa, dando início à edificação do hospital-abrigo.

Quando ficou pronto, só uma coisa ela conseguiu dizer:

— Como é encantadora essa edificação divina!

— Muito mais linda ela será quando se tornar em um centro de amparo da vida, filha minha. Agora, eu marco essa morada com o símbolo que acendeu em seu peito, marcado quando você retornou à vida — falou aquela luz divina, que irradiou um turbilhão luminoso um pouco acima do portal de entrada, imprimindo na fachada um símbolo vivo que distinguia aquela morada como estando sob o seu domínio. Depois de ter feito isso, ele ainda falou:

— Honra a vida em meus campos, que diante do nosso Senhor serás honrada por mim com muita vida!

E aquela luz viva recolheu-se em si mesma, deixando Hineshi e Samuel ainda no êxtase da visão do ser divino que, ali, havia se mostrado a eles. Quando contiveram a emoção, Hineshi olhou para o próprio peito e viu que estava marcada por um símbolo igual ao que marcara aquela fachada luminosa. Então, perguntou:

— Foi você quem me marcou, Samuel?

— Fui eu sim.

— Como sabia que eu iria permanecer nos domínios dele para todo o sempre?

— Bom, se não estou enganado, uma mulher nunca esquece o lugar onde se tornou completa, certo?

— Acho que aquele gênio não terá dificuldade em convencer suas enfermas, Samuel. Afinal, você sabe muito sobre nós, as mulheres.

— Sei nada. Agora voltemos nossa atenção ao que te aguarda porque estou curioso em conhecer as acomodações dessa morada. O que vejo é muito mais que um hospital.

Após percorrer boa parte da construção, retornaram à ala onde Hineshi havia escolhido para viver. E, ao apalpar a cama, observou:

— Ela parece ser tão agradável quanto aquela relva, Samuel.

— De certas coisas só poderemos ter certeza caso as provemos não só com as mãos, querida.

— Como sinto que não se engana, então nada melhor que sentir a maciez desta cama, certo?

— Certíssimo, minha perspicaz aprendiz!

— Ah!, mestre amado, tenho tanto a aprender contigo!

— Saiba que, ainda que demore toda a eternidade, tudo o que sei será conhecido por você.

— Não vejo o momento de começar a aprender!

— O momento é este. Portanto, não percamos tempo, discípula tão entusiasmada.

Depois de mais uma lição, Hineshi falou:
— Minha capacidade de aprender precisa de um descanso!
— Então vou cobrir esse teu lindo corpo senão nunca mais terás descanso.
— Irás cobrir-me com o quê?
— Com uma veste que te distinguirá entre tuas semelhantes. Permite-me?
— Precisas pedir? Ou não sabe que esse meu corpo é todo teu?
— Verdade?
— Sim. E só espero que não venha a se demorar muito para tornar a vê-lo despido novamente!
— Só o deixarei coberto até que sua capacidade nesse sentido tenha voltado a dar fortes sinais de que você se habilitou a novas descobertas. Prometo!
— Promessa a uma mulher é uma dívida, querido!
— Não me esquecerei disso, Hineshi. E tanto isso é verdade que aquele gênio está me dizendo que, nas prisões de Ligoresh e Lagisher, muitas Hineshis estão habilitadas a ocupar os leitos macios aqui existentes. Venha comigo, serva do meu Senhor! — exclamou ele, já cobrindo-a com um lindo vestido, do pescoço aos pés, e que a deslumbrou.

A seguir, volitaram até onde estava Ligoresh que, acompanhado por Lagisher e pela rainha que estava assistindo, pelo cristal, a tudo o que eles faziam. Samuel então estendeu a mão e o recolheu, dizendo:
— Acho que me esqueci dele aqui e não me lembrei que os segredos dos cristais são conhecidos de vocês três. Só espero que não venham a revelar a ninguém mais o que viram e ouviram, companheiros de destino.
— Teu segredo é nosso segredo, grande Mago da Luz Cristalina — respondeu prontamente a rainha.
— É sim — confirmou Lagisher. — Afinal, eu seria o último a revelar como recebi a maior lição de minha vida sobre os espíritos femininos, ainda que tenha me custado a perda definitiva de Hineshi.
— Será que perdemos o que não possuíamos de verdade?
— Tudo é uma questão de ponto de vista, não?
— Isso mesmo. Além do mais, nunca mais deixarás de te lembrar de que além das execuções negativas, as positivas também são possíveis.
— Grande Mago, e quanto ao meu problema? — perguntou Ligoresh.
— Apesar do que aconteceu em tão pouco tempo, sabemos que alguém aguarda uma explicação sobre minha permanência neste posto.
— Viemos aqui justamente para proporcionar-lhe uma atenuante aceitável aos olhos do senhor Oxóssi.

— Qual é ela, grande Mago?

— O que acha de abrir mão de todos os espíritos femininos que você atingiu quando ainda vivia sob a influência do seu tormento principal?

— Quer dizer: livrar-me da presença incômoda delas nas prisões dos meus domínios, não?

— Se assim prefere, então que assim seja.

— São todas tuas, grande Mago. E, caso queiras, poderás colher nestes domínios todos os espíritos que estão com seus negativos esgotados.

— Por enquanto só serão recolhidas aquelas que estão sobrecarregadas com as energias negativas geradas a partir do teu desvirtuamento.

— Só elas já fornecerão uma atenuante para me manter no Trono destes domínios?

— Acredito que sim.

— Então vou levá-los até onde eu as enviava quando já não me serviam mais. Acompanhem-me.

Quando Samuel viu a extensão da prisão coalhada de espíritos femininos destruídos nos seus mais íntimos, ajoelhou-se e chorou em silêncio, por causa da visão que o chocou. Mas, em dado momento, levantou-se e todo o seu corpo explodiu em uma profusão de energias multicoloridas que avançaram na direção daquelas infelizes, esgotadas energeticamente e lançadas em um vazio sombrio. Em não mais que alguns segundos, Samuel tudo fez e as curou segundo as condições aceitas por ele após ir com aquele gênio até os domínios dele. Então, indicou Hineshi e ordenou-lhes submissão total às ordens, vontades e desejos dela, que iria acolhê-las no hospital-abrigo edificado com essa finalidade. E dirigindo-se a Hineshi, ordenou:

— Estenda suas mãos e envolva todas elas, depois leve-as com você à sua morada, serva do meu Senhor.

— Eu posso fazer isso?

— Pode, pois uma de suas atribuições será esta. Portanto, faça-o!

Hineshi fez e levou consigo milhares de espíritos alcançados pela ação curadora de Samuel, que, a seguir, pediu a Ligiresh:

— Traga-me os outros seis auxiliares que estavam com Hineshi.

— A princesa tomou-os para si.

— Compreendo. Depois cuidarei disso, porque agora quero mostrar o que aconteceu com tua pedra negra, Mago.

— O que aconteceu a ela, grande Mago?

— Dê uma olhada e veja você mesmo, outrora um Mago da Pedra Azul!

Ao olhar sua pedra negra, mas com um pingo azul, incrédulo, exclamou:

— Não acredito!

— Acredite, Mago. Creditei em seu nome a ação que realizei em favor de todas aquelas nossas irmãs atingidas além dos seus limites humanos pela sua ação negativa. Por isso lhe digo: o primeiro passo para sua total regeneração diante da Lei já foi dado. De agora em diante, compete a você ir realizando ações aceitáveis aos olhos da Lei em favor da Vida para sua pedra um dia voltar a ser azul e ter o brilho que nunca deveria ter perdido. Compreende o que eu acabo de dizer?

— Compreendo sim, grande Mago.

— Ótimo, agora Lagisher o conduzirá diante do ponto de força do senhor Oxóssi, onde os que se excedem são julgados.

— Por que eu, se nada fiz, executor? — perguntou Lagisher.

— Você é o responsável pela execução dele, não?

— Eu sou. Mas quem agiu até agora foi você.

— Só fiz o que você permitiu, companheiro de destino. Logo, tudo o que aqui foi feito, só foi com seu consentimento. Conduza-o para que saibamos se Ligoresh terá uma oportunidade única ou a terá perdido, segundo a Lei e a Vida, certo?

— Logo saberemos, grande Mago da Luz Cristalina. Encontro-o no Trono das Encruzilhadas.

— Lá estarei à tua espera, executor.

Assim que os dois se foram, a rainha dos seres cristalinos abraçou Samuel e pediu:

— Ajude-me, Mago.

— O que a incomoda, amada irmã?

— Eu assisti a tudo o que fez enquanto estava com Hineshi e, vê-los se amando, ativou tantos sentimentos em meu íntimo!

— Compreendo.

— Eu sei que me compreende.

Samuel realmente compreendeu a rainha, levando-a até um lugar isolado onde, a sós, ela finalmente revelou quais os sentimentos que nela haviam sido despertados. Só bem mais tarde retornou ao Trono das Encruzilhadas para finalizar sua missão. Mas assim que surgiu no salão, o Exu Rei pediu:

— Não diga nada, grande Mago. Antes de concluir sua missão, devo mostrar-lhe o resultado, ou melhor, as páginas sombrias de um livro de acertos de contas que gostaria que fechasse por mim.

— Que livro é esse, amigo de jornada?

— Não chego a dizer que seja o pior dos livros abertos por mim, mas, com toda certeza, um dos piores ele é!

— São muitas as páginas dele?

— Sim, são muitas, meu executor.
— Não sou teu executor, companheiro de jornada!
— É sim. E ainda que aparentemente ninguém o tenha enviado para executar-me, eu sei que foi o próprio senhor da Lei que o conduziu até aqui.
— Como pode dizer isso com tanta convicção se, mesmo eu lançando mão de todos os meus recursos, não vi nada que o condenasse?
— Talvez a sentença não possa ser vista por meio das suas faculdades humanas, grande Mago. Mas, ao ver que a vida despertou em você um sentido exatamente oposto ao que havia despertado em mim há muitos milênios, então não tive mais dúvidas: Você é o meu executor!
— Terá de me contar tudo desde o princípio, grande Mago da Luz Negra.
— Eu conto, companheiro de destino, ainda que não tão sombrio quanto o meu. Ouça-me e depois tire suas próprias conclusões, certo?
— Certo. Comece, que sou todo ouvidos.
— Bom, houve um tempo em que fatos estranhos começaram a abalar a harmonia entre os povos existentes no plano material. E a desordem se estabeleceu em um meio não habituado a ela. Foram tantos os que desafiaram os princípios que regiam a espécie humana, que os gênios da luz viraram as costas e deixaram que cada um desse vazão às suas negatividades.

Quando isso foi concedido à raça humana, poucos resistiram à tentação do livre-arbítrio e se mantiveram em harmonia com as leis eternas. Quanto ao resto, caiu, caiu e caiu.

Eu não estava entre os que eram a exceção e, também seguindo a regra, caí, caí e caí. E tanto caí que atingi o "fundo do abismo", ainda vivendo no corpo carnal.

Quando desencarnei, encontrei no plano espiritual outra desordem mil vezes pior que a que para trás há pouco deixara. Então a Lei me usou por meio do que de pior em mim havia.

Usei todo o poder, a mim concedido ainda na matéria, para subjugar milhões e milhões de espíritos caídos nas trevas da ignorância. Formei legiões e legiões do que de pior havia no inferno, e no inferno reinei por muitos milênios enquanto na face da Terra os poucos que haviam sobrevivido ao grande cataclismo voltavam às cavernas para poder sobreviver às intempéries, à fome e às doenças. A humanidade, vivendo no plano material, tornou-se selvagem, ignorante e insensível, enquanto nas trevas o mesmo acontecia comigo e com tantos outros.

Então, seguindo os ditames da Lei que diz: "O que o homem fizer de bom, Deus amparará, mas o que o homem fizer de mal, que o próprio homem repare", foi seguido pelos que se fizeram exceção e deram início às reparações dos erros humanos. E assim tem sido através dos séculos e séculos incontáveis.

— Disso você tem uma parca noção, não?

— Bem, o fato é que, se em espírito o homem conserva tudo o que adquirir da carne, seja positivo ou seja negativo, eu tive ativado em mim um poderoso mistério negativo no meu sétimo sentido, o qual, se em você é um mistério da vida, em mim é um da morte.

No pior dos tormentos ele se tornou, pois ou eu escravizava espíritos femininos degenerados aos milhares e os mantinha só para dar vazão às energias geradas a partir do meu mistério negativo ou eu enlouquecia por causa do incômodo delas. E assim, tornei-me um instrumento punidor dos milhares de espíritos femininos degenerados sexualmente. E, por saber que só porque elas haviam se degenerado, eu era tão incomodado, então eu sentia prazer quando vertia em abundância dentro delas as energias destrutivas em mim acumuladas. Eu dava a elas aparências femininas belíssimas antes de dar início à destruição delas através do sexo, que em mim era inesgotável e insaciável. Mas chegou um tempo em que os oráculos malditos chegaram até mim e disseram: "Aquele que irá anulá-lo já caminha em sua direção, grande Mago da Luz Negra!".

Eu, há milhares de anos, venho combatendo você com todos os meios à minha disposição, grande Mago da Luz Cristalina. E muitas vezes quase o destruí! Mas alguém sempre o sustentava e o afastava do meu alcance. Convivi com a sentença dos oráculos a me incomodar, porque, nas trevas, a palavra anular significa ser reduzido ao nada por meio da dor. E não há nada que me incomode tanto quanto eu ter que voltar a sentir dor.

Como você estava se mantendo acima do plano material, à Lei me submeti, assentando-me neste Trono. E isto, para os que viviam no inferno, foi um alívio, e não me querem de volta de jeito nenhum. Bem, daqui deste ponto de forças comecei a servir às leis do Campo-Santo, mas pensando em você o tempo todo e em um meio de recolhê-lo ao meu Cristal Negro para anulá-lo para sempre.

Mas em sua última encarnação aproximei-me demais e fui atingido com aquele corte profundo no peito quando dei início a um plano para destruir seu espírito atado ao seu corpo carnal. Você sabe quem abriu meu peito?

Outro grande Mago da Luz Cristalina, que, depois de me subjugar, concedeu-me o direito de reassumir meu posto e aguardar que a Lei decidisse meu destino enquanto você ficaria sob a proteção dele. Como tudo foi colocado sob o arbítrio da Lei, aquietei-me e esperei.

E você veio ao meu encontro sem saber quem eu era nem que se eu o temia era só por temer a dor. Mas você, ainda conduzido pela Lei, foi parar nos domínios das Sete Porteiras do Cemitério.

Então me aquietei, pois, finalmente, você estava ao alcance de minha visão, além de estar desprotegido. Mas logo no seu primeiro dia aqui já lhe confiaram a execução de outro dos que haviam recebido o mesmo oráculo que o meu. Eu o acompanhei o tempo todo, grande Mago, e vi que a execução dele por você não aconteceu como eu acreditava que ia ser. E outras execuções se sucederam, e sempre contrárias ao modo que eu tanto temia. E quando você veio até aqui atendendo a uma ordem do senhor Ogum Megê, finalmente vi nos seus olhos que nada eu tinha a temer de você. E quando aceitou fechar o livro de nossas contas, comecei a desejar ser executado por você, pois, finalmente, eu ficaria livre do meu tormento.

Surpreso não fiquei quando você foi ao encontro do Mago Negro, e, em vez de destruí-lo, você o libertou de um dos maiores dos seus tormentos.

Não sabe quanto desejei que retirasse do meu íntimo o meu cristal negro de grande Mago. Quando o retirou, todo o tormento que afligia meu sexo desapareceu.

Outro prazer tão grande nesse sentido jamais voltarei a sentir!

Obrigado, grande Mago da Luz Cristalina. Sou-lhe grato por toda a eternidade pelo bem que me fez e estou pronto para ser marcado pelos seus símbolos de fogo vivo. Conclua sua missão comigo para que eu possa dar-lhe todas as páginas de um dos mais negros livros de minha maldita existência.

— Tua existência não é maldita, companheiro. Apenas tens sido um instrumento da Lei para que todos aqueles que não respeitam a vida sejam punidos. É só isso que tens sido, nada mais!

E tanto acredito nisso que será com um imenso prazer que te marcarei com os símbolos vivos que trago em mim desde minha origem, e sem deixar de revelar-te que foram eles que me mantiveram vivo quando muitas vezes estive à beira da morte. Dentro das leis que me regem, eles são uma manifestação do meu Senhor, que é o senhor de todos. Ajoelha-te na minha frente, irmão amado e companheiro de jornada!

Samuel marcou-o com seus símbolos sagrados e então perguntou:

— Por que se submeteu tão espontaneamente, companheiro Exu Rei?

— Eu vi o que aconteceu a Hineshi quando ela se submeteu a você após olhar nos seus olhos e vislumbrar neles uma luz no meio da escuridão que a envolvia. E o mesmo eu já havia visto nos olhos dos Magos dos Cristais, nos da rainha deles, que me odiava, nos do Sete Cabeças, etc.

Todos estão bem, e bem encaminhados. Logo, caso eu venha a ser executado por algum inimigo, de agora em diante, acredito que uma senda luminosa se abrirá para mim, não?

— Se alguém fizer isso contigo e não estiver em acordo com a Lei, não duvides disso, meu irmão.

— Ótimo! Agora vem comigo, pois estou pronto para que recolhas todas as páginas escuras de um dos piores livros de minha vida e, juntando-as e levando-as contigo, darão início a um luminoso livro da vida.

— Não sei não, mas acho que tem uma grande surpresa para mim, companheiro de destino!

— Por que acha que eu faria isso?

— Não sei ainda, mas você está muito ansioso por se ver livre dessas páginas sombrias. Mas, como não posso recusá-las, então vamos a elas, certo?

— Vamos, sim.

Quando Samuel chegou ao lugar onde estavam as sombrias páginas de um dos piores livros da vida do Exu Rei, caiu de joelhos e, aos prantos, exclamou:

— Oh não, meu Deus! Até quando terá de ser assim?

Diante dele estavam centenas de milhares de espíritos femininos ali aprisionados e totalmente deformados após terem sido executados pelo executor da Lei conhecido como Exu Rei.

E ali ficaria a lamentar o estado delas se o Exu Rei não tivesse lhe dito:

— Companheiro, olha para o teu mistério e vê o que aconteceu com ele e como está. Ou usas o poder nele existente ou tu serás engolido pelas energias que estão sendo geradas nele. Era isso que acontecia comigo, mas de forma negativa.

Samuel levantou-se e usou todos os poderes nele ativados, assim como outros que ainda desconhecia e, em um piscar de olhos, curou e enviou todas para a morada-hospital de Hineshi por meios que também descobriu ser possuidor. E quando se voltou para o Exu Rei, falou:

— Agora, mais que nunca, o entendo e compreendo, irmão meu!

— Eu sei que agora isso acontece de verdade. Voltemos à sala do Trono deste domínio!

Quando lá chegaram, a rainha dos seres cristalinos os esperava, e logo foi dizendo:

— Também vim aqui para fechar o livro de acerto de nossas contas, grande Mago da Luz Negra. Você renunciou ao seu cristal e já não tenho mais razões para combatê-lo o tempo todo.

— É, eu renunciei, sim. Mas quem não renunciaria após ver um grande Mago da Luz Cristalina tornar-se senhor da única mulher que não só não se submeteu ao poder que eu possuía, como quase me retalha todo?

— Quer dizer que todas aquelas cicatrizes que marcavam o teu corpo foram feitas por ela? — perguntou Samuel.

— Isso mesmo, executor. Por pouco ela não ia cortando em mim o único meio que eu possuía para descarregar as energias em mim geradas a partir do meu sétimo sentido negativado.

— O que aconteceria contigo caso ela tivesse feito isso?

— Tantas energias em mim se acumulariam que chegaria uma hora em que eu seria explodido por elas.

— Compreendo — murmurou Samuel, preocupado. — É melhor eu proteger-me bem, pois caso isso ocorra comigo, não quero nem imaginar como ficarei.

— Eu nunca tentarei algo nesse sentido, grande Mago! — exclamou a rainha, olhando-o de modo significativo.

— Menos mal para mim, rainha. E, já que mais um livro foi fechado, acho que posso dar por concluída a missão que me foi confiada aqui.

— Não deseja ouvir, dos próprios motivadores dela, como tantos livros foram abertos, grande Mago? — perguntou ela.

— Só se não demorar muito, porque tenho de recuperar minhas roupas que estão em poder da princesa.

— Resumindo tudo em poucas palavras, digo-lhe: eu, inconformada com os danos causados à humanidade por espíritos semelhantes a Lagisher, reuni à minha volta todos aqueles Magos dos Cristais e iniciei uma luta sem tréguas contra todos os que subjugavam e destruíam espíritos femininos caídos, impedindo-os de se regenerarem. E assim foi até que todo o inferno se voltou contra mim. Então me refugiei no meio cristalino para não ser anulada por eles, os grandes das trevas.

Quando recebi uma oferta de uma emissária da Senhora da Lei para retornar ao meio humano caso me submetesse aos ditames da Lei, não pensei duas vezes e aceitei imediatamente. Afinal, sob o amparo da Lei, eu voltaria a ficar próxima daqueles que eu queria afastar do meio humano, tal como o antecessor de Lagisher nesse Trono. Quando a oportunidade surgiu, absorvi-o com meu cristal e o enviei a um lugar do qual ele jamais sairá. Mas, caso um dia ele consiga sair, duvido que queira continuar a destruir espíritos humanos. Eu, do meu posto, voltei meus olhos para Lagisher, que substituíra ao seu antecessor, anulado por mim.

Lagisher não temia só a você. Temia a mim também; e quando saiu de seus domínios para anular-me, eu já estava à espera dele com meus

Magos dos Cristais e só não cortei um dos meios que ele possuía para destruir espíritos femininos porque a própria Senhora da Lei interveio e proibiu-me de voltar a perseguir Lagisher. E se isso não fosse o bastante, ela ainda me privou do meu cristal de grande Maga do Cristal Rosa.

Foi daí em diante que comecei a ultrapassar os limites das leis que me regiam no posto que eu ocupava. E tanto me excedi que fui expulsa daquele centro onde eu havia sido confinada pelos orixás que você já conheceu.

— É, conheci sim.

— Bem, resumindo tudo, eu era uma Pombagira Rainha das Sete Encruzilhadas do Cemitério, grande Mago.

— Não!?

— Era sim. A sua missão só poderá ser concluída quando você me conduzir até ela e para que minha sentença seja emitida pela minha senhora Iansã.

— Com isso eu não contava.

— Assim terá que ser porque levei comigo milhares de Pombagiras quando fui expulsa daquele centro. E não tenho o direito de mantê-las à margem da Vida ou da Lei. E, como de agora em diante desejo voltar a servir à Lei respeitando a Vida, você poderá fazer isso por mim.

— Eu não sabia que a coisa era tão complicada assim, rainha.

— Mas é, ou não teriam enviado um instrumento humano da Lei para, humanamente, reparar tantos erros humanos. Faça isso por mim e por todas aquelas irmãs minhas que só desejam uma oportunidade para voltarem a ser humanas, por favor!

— Você disse: voltarem a ser humanas? O que houve com elas?

— O mesmo que aconteceu comigo, e você curou.

— Todas estão com suas sensibilidades femininas "adormecidas?"

— Estão sim.

— Meu Deus! Isso nunca mais terá fim?

— Sinto muito, grande Mago da Luz Cristalina, mas estou me sentindo tão sensível e tão humana que ou você as devolve à vida ou enlouquecerei, pois sou a única responsável por levá-las comigo ao meio cristalino pensando que as estava protegendo quando, na verdade, estava anulando nelas um dos princípios da vida, que eu havia jurado defender com minha própria vida.

A rainha, não mais resistindo ao remorso de ter feito um grande mal quando pensava estar fazendo um bem, caiu de joelhos e implorou que Samuel reparasse o erro dela e a conduzisse a um julgamento, pois era o seu executor. Após meditar em tudo o que havia ocorrido desde que iniciara aquela missão, perguntou:

— Onde elas estão, amada irmã?

— Venham, eu os levarei até onde elas estão ocultas dos olhos humanos! — exclamou a rainha, muito feliz.

— Eu também? — perguntou o Exu Rei.

— Claro que sim. Afinal, fechamos o nosso livro de acertos de contas, não?

— Não só fechamos como espero nunca mais voltar a abrir outro. Não contigo, rainha! Tu quase extirpas do meu espírito essa parte que agora tenho na conta de um bem, pois um mal para muitas deixou de ser!

— Só ia cortando-o porque você andou atacando minhas servas, certo?

— Como resistir, mesmo sabendo dos riscos, se eram tão belas e atraentes?

— Tudo bem. Isso já é passado, não?

— É sim, rainha. Deixemos o passado para o passado, pois estamos em busca dos nossos futuros, não?

— Isso é verdade.

— Conduza-nos, rainha — pediu o Exu Rei, um tanto afoito.

— Por que tanta empolgação? — quis saber Samuel.

— Bom, desde que fiquei livre daquele tormento não tenho sentido nada, absolutamente nada, nesse meu sentido. Logo, vendo as lindas servas da rainha, talvez eu volte a senti-lo.

— São tão lindas assim, companheiro?

— Certas coisas não são possíveis de serem mostradas senão com elas visíveis, executor.

— Então vamos — concordou Samuel, já preocupado com o que poderia acontecer assim que visse as servas da rainha. Mas quando as viu, apesar de serem muito lindas, nada aconteceu. Nem o menor latejar sentiu, e isso o fez refletir um pouco antes de dizer:

— Acho que aqui a coisa será diferente, rainha. Só poderei despertar nelas esse sentido da vida em um trabalho contínuo, mas de longa duração e sem prazo para terminá-lo.

— Como fazer então, grande Mago?

— Vamos até o ponto de força do Campo-Santo para que tua sentença final seja promulgada. Mas leva contigo todas as tuas servas, pois antes de serem tuas, dela elas já eram.

— Assim farei, executor.

Pouco depois, todos estavam prostrados diante da Senhora Guardiã dos espíritos encaminhados ao Campo-Santo. E Samuel ouviu uma pergunta assim:

— Por que demorou tanto para reconduzi-la aos limites da Lei, executor?

— Como não havia um tempo determinado para concluir essa minha missão, tomei sob minha responsabilidade, mas dentro dos meus limites, a solução de alguns acertos de contas, amada senhora. Mas vim assim que finalmente mostrei à rainha dos cristalinos, e sua serva, que não importa se a vida pareça boa ou ruim, fácil ou difícil, humana ou desumana, ninguém tem o direito de bloqueá-la, pois a própria Lei age no sentido de reequilibrar a todos em geral e a cada um em particular.

— Ela compreendeu isso, meu amado filho?

— Sim, minha senhora. Acredito que de agora em diante ela servirá à Lei dentro de limites humanos e com os olhos voltados para a vida, que é um bem divino.

— Alegra meus olhos com sua dedicação, tolerância e paciência para com os caídos. E tanto alegra, que sob meu manto protetor confio-lhe a missão de despertar para a vida todas essas minhas filhas que, se não renunciaram à vida, no entanto não sabem como retornar a ela porque estão adormecidas no tempo.

— Agradeço a oportunidade de poder servir à Lei e à Vida sob a sua proteção, minha amada mãe! Como o tempo está ao meu lado, então, no devido tempo, encontrarei um meio de despertá-las para a vida sem me sentir culpado por estar entrando tão intimamente nas vidas, que nelas estão adormecidas.

— Conhece muito pouco da natureza feminina, meu servo!

— Isso é uma verdade, minha senhora. Mas, nesse campo, só com muito tato, esforço e observação tenho aprendido algumas coisas.

— Então, ensino-lhe algo tão importante e no entanto tão pouco compreendido pelos espíritos, instrumento do meu Senhor: a natureza feminina traz em si a sensação, que é o oposto da percepção, que é atributo da natureza masculina.

— Preciso de tempo para assimilar o que me ensinou tão generosamente, minha senhora.

— O tempo está ao seu lado, meu filho amado. Marque todas elas com seus símbolos sagrados e, no devido tempo, conduzirá todas até esse ponto de força da Vida!

— Vossas ordens são minhas vontades, vossa vontade são meus desejos e vossos desejos são minhas ordens a serem cumpridas e minhas vontades a serem realizadas!

Após Samuel marcá-las com seus símbolos sagrados, a rainha das Sete Encruzilhadas do Cemitério ouviu a sua sentença: "Você reassumirá o Trono, serva minha! Mas, se voltar a ultrapassar seus limites humanos, esse símbolo em seu peito, e com o qual foi marcada em um ato de amor, na dor a punirá!

— Ouço e obedeço, e vos peço perdão, senhora minha e de minha vida.

Antes de se recolher em si mesma, a senhora Iansã deixou ao lado de Samuel uma espada simbólica com a qual ela distingue aqueles que a servem por meio do Amor, da Lei e da Vida.

Samuel recolheu a espada após cruzá-la em sinal de respeito e, depois de refletir um pouco, estendeu-a para a rainha, pedindo:

— Amada irmã, guarde junto ao seu corpo esta espada simbólica.

— Não sou digna de portar uma espada como esta, grande Mago.

— Quando um dilema dessa natureza é colocado diante de nós, sabe o que devemos fazer?

— Não. Mas sou boa aprendiz, grande Mago.

— Devemos procurar descobrir qual é a razão que propiciou a entrega de algo tão valioso e, aceitando-o, procurar nos dignificarmos diante de tanta confiança depositada em nós.

— Tentarei me tornar digna dela, grande Mago.

— Não tente ser digna, mas, sim, dignifique-se!

— Sim, senhor, grande Mago da Luz Cristalina.

— Sabe qual é o mistério dessa espada simbólica, amada irmã?

— Não, senhor. Qual é ele?

— O seu mistério consiste em usá-la sem ostentá-la, e ostentá-la sem usá-la. Caso consiga isso, jamais me preocuparei com ela, pois você estará sendo digna dela.

— Meditarei sobre o mistério dela, amado mestre.

— Acredito que meditarás, amada irmã. E como Hineshi deixou de auxiliar-me à minha esquerda para ir servir à direita do meu Senhor, escolhe uma de tuas auxiliares para ocupar o lugar dela, por favor.

A rainha perguntou se alguma delas queria seguir com Samuel, mas, como tantas se ofereceram, ela escolheu uma e perguntou:

— Esta o agrada, grande Mago?

— Não quero ao meu lado alguém que me agrade, apenas alguém que me auxilie.

— Eu o auxiliarei, meu senhor — falou a moça, já se ajoelhando na frente de Samuel, que a impediu de concluir seu gesto de submissão e lhe disse:

— Amada irmã, quem vem para o meu lado só se ajoelha diante de quem eu me ajoelho, nunca diante de mim. E prefiro ser chamado de mestre e não de senhor.

— Ensine-me e aprenderei, amado mestre.

— Muito me agradará ensiná-la, irmã amada. Siga-me, sim?

— Sim, senhor.

Samuel retornou ao salão do Trono das Encruzilhadas acompanhado pelo Exu Rei, pela rainha e por sua legião de servas. Então falou ao primeiro:

— Minha missão está concluída, servo do meu Senhor, e senhor do Trono das Encruzilhadas.

— O meu Senhor se alegra com a conclusão da missão a ti confiada, servo do meu Senhor — respondeu o Exu Rei. — Ele, que não deixa de vigiar nossos atos, pensamentos e palavras, saberá aquilatar o teu real valor. Mas, quanto a mim, por mais que dissesse não conseguiria dizer-te o que sinto. Então te digo: obrigado, irmão de destino!

Samuel abaixou-se e cruzou o solo diante dos pés do Exu Rei e falou:

— Que tua longa jornada rumo à tua remissão total seja abençoada, irmão meu e meu irmão. Até a vista!

— Até, grande Mago da Luz Cristalina. Vá tranquilo, pois o primeiro ponto cristalino já surgiu na minha pedra de grande Mago da Luz Negra.

— Um dia a terá tão transparente quanto a minha, grande Mago! — exclamou Samuel, enquanto fazia surgir na palma da mão o cristal que trazia dentro de si. Estupefato, o Exu Rei perguntou:

— Como isso é possível? Eu vi você absorvê-lo!

— É verdade, eu o absorvi. Mas posso retirá-lo do meu íntimo quando bem eu quiser.

— Então esse poder, quero dizer, essa ativação geradora de energias, não provém dele?

— Creio que não. Até a vista, companheiro!

— Espere! — clamou o Exu Rei, mas já era tarde, pois Samuel já se fora. — O que será que ele insinuou ao me mostrar que aquele imenso poder energético não provinha do cristal dele, rainha?

— Se não me engano, ele quis dizer que o teu cristal negro nada tinha a ver com o que tanto te incomodava, Rei.

— Então, isso significa que, ao mesmo tempo em que retirava o cristal do meu íntimo, ele também me curava no meu negativo, certo?

— Correto!

— Se é assim, então o de tenho que conseguir é despertar esse meu sentido de forma positiva, pois ele só está adormecido, certo?

— Também isso é certo, Rei. E se me permite dizer, creio que ele nos deu uma lição e tanto ao deixar de propósito aquele cristal ativado enquanto despertava Hineshi para a vida de uma forma positiva, infalível e... muito recomendável.

— Eu nunca o derrotaria, rainha. Quando ele está fazendo uma coisa que podemos ver facilmente, outra que nem imaginamos ele ser capaz de fazer ocultamente ele está realizando.

— Isso também é verdade. Enquanto ele amava aquela executora que o acompanhou quando foi me executar, na verdade o que fazia era anular o poder dos meus magos e dominar-me com a visão do prazer que Clara vivenciava ao se entregar por inteira a ele.

— Foi assim que ele quebrou suas defesas?

— Foi sim.

— Por que você não reagiu?

— E perder a oportunidade de sentir o mesmo que ela havia sentido? De gemidos e lamentos de dor eu já estava cansada. Mais do que nunca, eu precisava ouvir e emitir gemidos de prazer.

— Você sabe que nada sei sobre o jeito positivo de fazer uma mulher sentir prazer. Mas, se você, que recebeu umas lições extras dele, tiver um pouco de paciência comigo, talvez venhamos a nos dar muito bem de agora em diante, rainha!

— Não custa me esforçar um pouco. Afinal, de me dar mal, também estou cansada, Rei.

— Sabe, acho que o ódio que nos separava nunca me deixou ver quanto você é atraente.

— Verdade?

— Não só é verdade como sinto um latejar no meu íntimo nesse sentido. Mas, infelizmente, faltam-me meios de exteriorizá-lo.

— Conheço alguns meios, Rei. E, se você me permitir lançar mão deles para ajudá-lo, irá me proporcionará muito prazer.

— Prazer, é?

— É sim. E conheço um lugar ideal para vivermos esse prazer juntos, sem que ninguém nos veja ou ouça. É no meio cristalino onde Clara seduziu Samuel.

— O que estamos esperando, rainha que nunca tive?

Eles não esperaram mais, mas em outro lugar Samuel deu um sorriso antes de desativar o cristal que mostrava o Exu Rei e a Pombagira Rainha envolvendo-se mutuamente na mais dissimulada das conquistas. E murmurou: "Acho que serão ótimos discípulos na arte da vida chamada de amor". E, virando-se para a nova auxiliar, perguntou:

— Por que tão prontamente se ofereceu para ser minha auxiliar, irmã amada?

— Não sei ao certo se foi pelo poder que trazes em ti, ou se foi pela tua beleza. Mas sinto que no senhor existe algo tão bom, mas tão bom, que, quando eu conseguir identificar o que é, tenho certeza de que ficarei muito feliz.

— Você disse que sente?

— Isso mesmo, mestre amado.
— Será que, em vez de sentir, você não está é percebendo a existência desse algo?
— É um sentir mesmo, mestre. A percepção capta o que está ocorrendo no exterior, já a sensação nos indica o que o nosso íntimo está a nos mostrar, ainda que não muito claramente.
— Compreendo.
— Sinto que me compreende, mestre que nunca tive, mas que, por causa dessas sensações que tenho, sei que não quero deixar de ter nunca mais.
— Fico feliz em merecer sua confiança plena após tão pouco tempo juntos, irmã amada. E muito mais feliz ficarei quando você estiver apta a interpretar corretamente seus sentimentos mais íntimos. Agora vamos, pois essa proximidade dos nossos corpos está começando a me incomodar.
— Eu não o agrado como mulher, mestre amado?
— Muito pelo contrário: agrada até demais. E tanto me agrada que ou volto meus pensamentos para outras atividades ou daqui a pouco não dominarei mais este meu mistério, muito sensível.

Após olhar demoradamente para Samuel, ela murmurou:
— Puxa, como o senhor irradia energias! Até posso senti-las avançarem até o meu íntimo.
— Vamos, discípula de um aprendiz — ordenou Samuel, não mais dando oportunidade para ela fazer outras observações. E direto às Sete Porteiras Samuel dirigiu-se. Mas lá não encontrou a princesa. Então fixou a visão no espaço à frente e a localizou, indo ao encontro dela, que entre a surpresa e a raiva o encarou e perguntou:
— Já curou sua amiguinha, a rainha cobra?
— Isso não importa. O que desejo são minhas vestes e meus auxiliares. Onde eles estão, princesa?
— Está disposto a negociar comigo, executor?
— Não negocio o que me pertence, princesa. E, caso não tenha percebido, você já ultrapassou seus limites há algum tempo. Ou devolve os meus auxiliares e minhas vestes ou levarei ao conhecimento do nosso chefe essa perseguição implacável que move contra mim.
— Já que não negocia e ainda me ameaça, nada mais temos a conversar.
— Se é assim que deseja, assim será, ex-princesa. Mas nunca se esqueça, nem mesmo quando estiver louca de dor, que recusou todas as oportunidades que lhe dei para não ser atingida pela Lei. Até nunca mais, princesa destronada!

Samuel volitou direto a um domínio negativo onde localizara seus auxiliares, pois a princesa os havia entregue a alguém que tinha contas a acertar com eles.

Após algumas poucas palavras com o senhor daquele domínio, Samuel recuperou o que deles restara: seis ovoides humanos.

Volitou até onde Hineshi estava e, em instantes, já colocava cada ovoide em um leito. Então usou de seu poder curador e, com um toque leve em cada um daqueles ovoides, devolveu à vida seis espíritos totalmente recuperados energeticamente. Conversou longamente com cada um deles e recomendou a Hineshi que ali os acolhesse, pois ela ia necessitar do auxílio deles.

O tempo havia passado e a hora de guardar a porteira da tenda do pai Tomaz se aproximava.

Para lá se dirigiu e assumiu seu posto, ainda que contrariado por não estar vestido como gostaria de estar. Para surpresa, mal os trabalhos haviam se iniciado e uma agitação teve início. Voltou sua visão para o interior da tenda e viu Clara, mais linda que nunca, a anunciar que não poderia mais vir ali para prestar a caridade espiritual, pois outra função teria de desempenhar dali em diante em uma casa de amparo espiritual.

O mais emocionante foi o diálogo entre Clara e o pai, o curador Tomaz. Samuel assistiu a tudo a distância, pois não poderia se afastar do seu posto. Mas foi brindado por ela que, em vez de volitar e desaparecer, preferiu ir até a porteira para dali elevar-se à sua nova morada.

Quando chegou diante de Samuel, abaixou-se até tocar no solo. Então, ajoelhou-se e cruzou o solo diante dele e disse:

— Feliz será todo aquele que passar por onde pisas, irmão amado! O solo onde tocas se torna luminoso. Que nosso Senhor o abençoe!

E Clara já ia estendendo os braços para envolvê-lo em um abraço quando Samuel, com o uso da visão, pediu:

— Não faça isso, irmã amada. Não agora, por favor! — e a seguir ajoelhou-se e cruzou o solo diante dos pés dela que, ainda com os braços estendidos para um abraço, começou a flutuar rumo ao espaço. Samuel levantou-se e com um sorriso nos lábios e lágrimas nos olhos, ficou a contemplar Clara, cada vez mais distante e cada vez mais radiante.

Quando finalmente ela desapareceu, ele se voltou para sua única auxiliar e ordenou:

— Cuide dessa porteira com tua própria vida, irmã amada. Estou tão emocionado que preciso me retirar por alguns instantes.

— Como poderei guardá-la se nem ao menos possuo uma arma, meu senhor!

— Quem precisa de armas para guardar a porteira de um solo cruzado por um anjo? — perguntou ele, sem dar-lhe tempo de dizer mais alguma coisa, pois volitou para longe dali para poder equilibrar-se emocionalmente. E estava soluçando quando uma luz surgiu diante dele e plasmou-se, tornando-se visível.

— Você?? — perguntou Samuel, procurando ocultar seu espanto.

Samuel viu surgir ali, na sua frente, um espírito feminino de muita luz que lhe era familiar, pois havia sido sua esposa no plano material. Ainda, após ela desencarnar, havia visto o espírito dela várias vezes, até que desapareceu no mundo espiritual, não mais se mostrando a ele. Fato este que o entristeceu e contribuiu para seu isolamento e afastamento dos trabalhos espirituais.

Agora, ela voltava a se mostrar a ele!

— Eu mesma, amado meu.

— O que faz aqui?

— Vim consolá-lo e ser consolada, creio eu. Afinal, há tempos que aguardo uma manifestação sua.

— Não tive tempo, creia-me!

— Eu acredito que foi por isso que não me procurou. Permite que eu me assente ao seu lado?

— Por favor, faça isso por mim! Estou precisando da ajuda de alguém que me conheça e entenda o que está acontecendo comigo.

— Não só o entendo como ficarei muito feliz se puder ajudá-lo. Permite-me?

— Eu imploro por teu auxílio, amada... esposa — conseguiu finalmente dizer Samuel, depois de uma indecisão em como tratá-la.

— Finalmente, Samuel! — exclamou ela emocionada.

— É, consegui, sim. Mas não pense que foi fácil.

— Sinto que não foi. Mas sua esposa é o que sou, e não abdico desse meu direito de ser tratada assim por você que, se relutou tanto em reconhecer-me como uma das suas, no entanto nunca deixou de ter conhecimento de que uma das suas sou e sempre serei.

— Isso é verdade. Mas tem sido tão difícil alguma iniciativa nesse sentido.

— O primeiro passo você já deu. E nós sabemos que, em qualquer sentido, depois do primeiro passo ser dado, ou avançamos ou tropeçamos em nosso próprio imobilismo e... caímos.

— Como avançar se a mim foi mostrado que muito devo fazer pelos que estão atrasados em suas evoluções?

— Mas essa tua indecisão está bloqueando a evolução daqueles que deram seus primeiros passos nesse sentido sob teu amparo e tua guia.

— Como conciliar tantos deveres se eu sou só um?
— Terá de recorrer aos meios que traz em si mesmo e que já não lhe são desconhecidos.
— Quando eu nada via, tudo parecia muito fácil. Mas, agora que tudo vejo, tem sido muito difícil.
— Já conseguiu despertar esse seu mistério gerador de energias vivas?
— Consegui, sim, mas foi difícil!
— Por quê?
— Eu temia o que poderia acontecer comigo após despertá-lo em meu íntimo.
— Como foi quando finalmente conseguiu?
— Surpresas, surpresas e surpresas!
— Estás tão lindo! — exclamou ela. — Estás, em tudo, igual ao que tão bem conheci. Posso tocar-te?
— Você disse: tão bem conheci?
— Claro. Afinal sou tua esposa, não?
— Disso não tenho dúvida nem medo de reconhecê-la como tal.
— Posso?
— Pode sim. Mas antes deve saber que se me tocar, tudo o mais terá de fazer e permitir que com você eu faça também.
— O meu desejo é que menos que tudo não façamos assim que eu finalmente puder tocá-lo e... ser tocada. Ah, como esperei por este momento, meu querido amor!
— Sabe, quando vi você pela primeira vez, pareceu-me ser só luz. Mas, depois que estive com aquele gênio feminino e ela abriu minha visão, consigo ver uma forma humana onde os outros só veem luz, e também vejo formas humanas onde todos só veem espíritos totalmente deformados pelos acúmulos de energias negativas em seus sentidos.
— Sendo assim, para você será melhor, não?
— É, será sim. Mas não posso desviar os olhos dos olhos delas até que... você compreende, não?
— É claro que compreendo. Após o toque inicial, a regeneração acontece em um piscar de olhos.
— Conhece bem isso, não?
— Conheço sim, e tanto conheço que te pergunto: como estás me vendo agora?
— Bom, não vejo deformação em nenhum dos teus sentidos. E também te vejo como um espírito lindo, muito lindo!
— Por que não deixa essa sua timidez de lado e me envolve em seus braços?

— Permite que eu faça isso também com minha visão e com minhas mãos?

Ela deitou-se na areia e pediu:

— Venha, não deixe de satisfazer comigo todas as suas curiosidades, pois menos curiosa não estou em relação a essas "coisas" tão íntimas e tão visíveis aos meus olhos.

Samuel, apesar de toda a sua timidez, não deixou nenhuma curiosidade viva. Satisfez todas as que nela ele havia despertado, e isso, há muito tempo!

Quando se lembrou de que devia voltar ao seu posto na porteira, exclamou:

— Puxa! Esqueci-me de que tenho um posto a cuidar!

— Não te preocupes com a porteira da tenda, pois deixei nela várias auxiliares ao lado da tua, que estava aflita por não se sentir apta a cuidar dela sozinha.

— Mas, assim mesmo, tenho de reassumir meu posto antes do término dos trabalhos. Vamos?

— Vamos. Afinal, não quero interferir nos teus deveres perante a Lei. Mas, depois, irás comigo até a morada onde vivo e permaneço quando nada me retém no plano material.

— Será que estou apto a visitar uma morada tão luminosa quanto a sua?

— Se não estiver, em um piscar de olhos o habilito, meu amado esposo! Nunca mais ficará longe dos meus braços.

— Acho que não será só dos braços, querida.

— Melhor ainda! — exclamou ela, toda sorridente e... feliz.

Samuel tomou-a pelas mãos e volitaram até a porteira que deveria guardar. E chegou justamente no momento em que os trabalhos iam ser encerrados.

Samuel olhou para as auxiliares que ela havia deixado e viu que elas também estavam marcadas com seu símbolo. Então voltou seus olhos para ela e perguntou:

— Elas também são... bem, você sabe o que, não?

— São, sim. E não estão menos ansiosas que eu estava em poder tocá-lo agora que finalmente o têm ao alcance das mãos.

— Bem, acho que pelo menos um abraço agora podemos trocar, não? — perguntou Samuel, muito tímido diante de tantos espíritos femininos que, sentia ele, observavam-no, muito curiosas com o que nele viam e muito desejosas de poder abraçá-lo. E quando ele abraçou a primeira, ela irrompeu em um emocionado pranto e o abraçou com tanta força que ele achou melhor não soltá-la até que se acalmasse, coisa que demorou um pouco.

Mas nem bem a havia soltado e outra se lançou em seus braços, emocionando-se tanto quanto a primeira. E assim foi até que a última delas tivesse sido abraçada. Samuel então pediu:

— Retornem às vossas moradas, pois logo irei lá encontrar-vos, e aí, conversaremos sem ter ninguém a nos observar.

Quando ficou a sós com sua auxiliar, os trabalhos já haviam sido encerrados e só alguns espíritos ainda permaneciam ali porque estavam ligados ao médium. E um deles era o curador Tomaz, que estava sentado em um dos degraus da escada de acesso à tenda. Samuel foi até ele e perguntou:

— Qual a razão de tanta tristeza, pai Tomaz?

— Ah, Samuel! Que bom ter com quem conversar quando estamos tristes. Venha, assente-se ao meu lado!

Samuel assentou-se ao lado do velho curador e perguntou:

— Quer dividir suas tristezas comigo?

— Não é bem dividir. Apenas sei que me compreende, pois Maria Preta também o emocionou muito, não?

— Emocionou, sim. E tanta foi a emoção que foi preciso eu me retirar para acalmar-me.

— Pois é isso, meu filho! Estou tão emocionado com a elevação dela que não sei se choro de alegria ou de tristeza, e no fim, só um aperto no peito me resta.

— Isso eu senti algumas vezes, pai Tomaz. Quando eu era um médium, várias vezes ouvi guias amados comunicarem que finalmente haviam rompido os últimos fios que os ligavam ao plano material e que iam se elevar às esferas ou planos superiores. Eu também me sentia feliz pela elevação deles, mas triste por não poder ir junto. E, no meu caso, era muito mais difícil, pois eu tinha um corpo carnal a me manter no plano material.

— Maria Preta é alguém muito especial para mim, Samuel. Ela tem sido a maior das razões de minha dedicação à arte de curar.

— Por quê?

— Bom, ela, ao desencarnar, sofreu uma queda vibratória em razão de seu emocional estar em desequilíbrio. Eu, que então estava dando os primeiros passos no mundo espiritual, retornei em meu caminho só para ficar com ela e poder ajudá-la. Aí me incorporei à linha dos velhos curadores e, até hoje, estou aqui a curar. Mas sem a minha Maria Preta ao meu lado tudo será mais difícil.

— É, eu sinto que o senhor é muito solitário.

— Você sabe qual é a razão de minha solidão?

— Eu soube dela por meio de tua esposa no plano material. Mas foi tudo por acaso, uma vez que tive de saber por que eu era tão odiado por ela.

— Conseguiu algum sucesso com ela?

— Não. Afinal, só sou um iniciante na arte de curar, pai Tomaz. Como arriscar algo nesse sentido, se até o senhor falhou?

— É, ninguém consegue fazê-la recuar no ódio que sente contra todos os espíritos que em suas últimas encarnações tenham sido da raça branca. Ela só é tolerante com os que tinham a pele negra. Você já viu as legiões dela?

— Ainda não. Afinal, tudo por aqui acontece tão rápido que não tive tempo para mais nada além de realizar as missões a mim confiadas.

— Foram muitas?

— Não, mas exigiram muito tato para despertar os envolvidos. Acho que isso faz parte do aprendizado de um curador, não?

— Faz sim. Ou alcançamos uma visão abrangente ou não conseguimos a cura ideal dos enfermos na alma, pois curar um espírito enfermo é muito fácil, já o mesmo não se dá quando a alma dos espíritos está enferma.

— Isso já notei, pai Tomaz.

— Estás apreciando tua iniciação?

— Estou, sim. Mas ser um curador implica em muitas responsabilidades, sabe?

— Sei, sim. Quando um sentido teu se mostrar apto a dar sustentação às almas que curares, então, sim, verás o que são responsabilidades, Samuel.

— Eu já as vi, pai Tomaz.

— Então algum sentido já se manifestou?

— Já.

— E como foi?

— Se por um lado se mostrou divino pelo alcance dele, por outro, aos meus olhos, parece humano demais, carnal mesmo, eu diria.

— É nisso que consiste a arte de curar, filho. Um espírito só terá sua alma curada caso a cura seja realizada de uma forma tão humana, mas tão humana, que a cura seja aceita não só pelo espírito como também pela alma dele, que, em último caso, é a essência de tudo o que, em espírito, ele é.

— Isso merece uma profunda meditação, não?

— Merece, sim. É muito comum confundirem o espírito com alma. Mas, se atentarmos para certas definições muito comuns no plano material, tudo fica mais fácil de se compreender.

— Tais como as de "alma penada"?

— Pode ser. O que é uma alma penada senão um espírito que traz uma ou várias enfermidades em sua alma ou essência?

— Compreendo.

— Qual foi o sentido em que a arte de curar se manifestou em você?

— Bem, não gostaria de falar sobre isso.
— Por que não?
— Não é algo de fácil abordagem, pai Tomaz. E implica a ter de falar de coisas que talvez o senhor tenha preconceitos ou dificuldade em entender.
— Se assim é, é porque você sente que nesse sentido tudo tem sido muito difícil para mim, não?
— É, eu sinto isso, pai Tomaz. Também sinto muito por tudo ter sido assim com o senhor, pois com mais facilidade teria reconduzido sua ex-esposa aos ditames da vida.
— Sabe qual foi a ofensa menos inofensiva que dela recebi?
— Não sei não. E não precisa falar disso, caso lhe seja difícil, bom amigo. Afinal, eu não só o entendo como o compreendo.
— Eu tenho de desabafar com alguém, e não vejo ninguém melhor que você que, se ainda é um curador iniciante, no entanto é um ótimo mestre médico. Ou não sou digno de ser ouvido por alguém que além de entender-me também me compreende?
— Por Deus, é claro que és merecedor de toda a minha atenção, amado irmão. Desabafa toda a tua tristeza, pois sou todo ouvidos.
— Pois é isso, doutor curador. Ela, quando menos me ofendeu, chamou-me de negro impotente, pois ela não aceitava que um negro, mesmo sendo um curador por meio da fé, não fosse potente sexualmente.
Mas, como no meu caso, em espírito continuei a ser como era no plano material, não mereci o respeito e a compreensão dela, que, mesmo quando vem aqui nesta casa para servir na linha das porteiras, olha-me com desprezo.
— Eu já poderia ter atuado intensamente sobre ela, pai Tomaz. Mas, se não fiz isso, foi justamente para não intervir na Lei que já começou a atuar contra ela para que compreenda que tem de respeitar a natureza íntima de cada ser humano e entenda que se o senhor é assim, é porque sendo assim, bem se sente.
— A Lei vai atingi-la logo?
— Falta muito pouco tempo para que tanto ela quanto suas legiões de espíritos racistas encontrem um fim trágico.
— Quem será o executor dela, mestre da Lei?
— Prefiro não entrar em detalhes, pois posso estar enganado. Logo, deixemos o tempo correr e nos mostrar a força da Lei em sua ação regeneradora.
— Se prefere assim, que assim seja, então. Mas, no fim, também saberei, assim como já sei em que sentido a arte de curar se manifestou em você.
— É, eu sei que o senhor já sabe.

— Eu vi a transformação que aconteceu com você nesse sentido. E sei que é por isso que não se sente à vontade para comentá-lo comigo, ainda que muito eloquente ele seja. Por que não o oculta com uma veste plasmada?

— A mim não é permitido o uso dessa faculdade, amigo curador. Se muitas coisas posso, isso não está entre elas.

— Permita e o vestirei usando dos meus recursos, Samuel.

— Se permito? Por favor, cubra logo o meu corpo, irmão amado!

— Fique de pé na minha frente que em um instante não estará sentindo mais tanta vergonha por estar com o seu corpo descoberto.

Samuel posicionou-se na frente do curador Tomaz que, irradiando com as mãos, vestiu-o com uma veste igual à que conseguira com o Exu do Cruzeiro. Mas assim que ela ficou toda plasmada, a parte que cobria o que incomodava Samuel por expô-lo aos olhos alheios começou a arder em chamas e dali se espalhou pelo resto da veste até consumi-la totalmente.

— Não acredito no que vejo, Samuel! — exclamou pai Tomaz, muito admirado e, completou, dizendo: — Vou tentar com o recurso à energia pura, aí veremos o que acontecerá, certo?

— Por favor, faça isso por mim, amigo curador.

Usando de outros recursos ou faculdades que trazia em si, mais uma vez o curador cobriu Samuel, e novamente as chamas consumiram aquela veste de energias puras.

— Não tem jeito, Samuel. Vestes mais energéticas que estas não estão ao meu alcance e, se não estou enganado, terá de se acostumar com a exposição desse seu sentido curador, pois quem o despertou em você não o quer coberto ou oculto dos olhos alheios.

— É, acho que terei de me acostumar com isso, pois sempre pressenti que um dia aconteceria algo assim comigo.

— Não o entendo, Samuel! Você já temia por isso mesmo antes desse sentido ter sido despertado em você?

— Mais ou menos isso.

— Você, apesar de não parecer, é o maior enigma que já vi. Como posso decifrá-lo, Samuel?

— Certos enigmas são só para serem vistos, nunca decifrados, pai Tomaz. E, se não estou enganado, o senhor é exatamente quem Hineshi muito precisa para dar uma direção luminosa a todas as irmãs recolhidas em um plano da vida sob a proteção do senhor Oxóssi. Gostaria de conhecer Hineshi e a morada confiada a ela pelo nosso Senhor?

— Antes, espere eu dar algumas instruções aos meus auxiliares, pois sinto que nos demoraremos um pouco, não?

— Pode ser que isso aconteça.
— Então espere um pouco, está bem?
— Não se apresse por minha causa nem deixe ao acaso sua tenda, pois coisas costumam acontecer quando ficamos curiosos com certos enigmas.
— Decifrá-lo, para mim, já se tornou uma questão de honra, Samuel.
— Não dê esse rumo à sua curiosidade, pai Tomaz.
— Por que não?
— O senhor já ouviu dizer de um enigma que dizia a quem ousava tentar decifrá-lo: "Decifra-me ou engolido por mim serás"? Ou dizia algo semelhante?
— Tomei conhecimento de algo assim. Mas será que você é esse enigma?
— Não, não. Eu sou aquele que assim diz: "Se decifrado por ti eu for, absorvido pelo meu enigma serás". E, não tenha a menor dúvida de que isso acontecerá, caso venha a decifrar-me, irmão do meu coração.
— Não creio que seu enigma tenha sido bem colocado, Samuel. Acho até que a melhor forma de colocá-lo seja esta: "Se ousar olhar para mim, começarei a absorvê-lo até que tenha conseguido me decifrar". O enigma está em você mesmo, Samuel, pois venho tentando decifrá-lo desde que vi você levantar sua mão esquerda para um ser que todos chamamos de demônio ou algo parecido, e assustá-lo tanto, mas tanto, que em pavor puro ele se transformou.

Por que alguém, que traz em si poderes que ultrapassam todos os limites humanos veio até o Campo-Santo e aceitou servir sob as ordens de um Exu só para um dia se tornar curador? Por que, Samuel? Em nome de Deus, por quê?

Samuel caiu de joelhos e irrompeu em um pranto convulsivo e incontrolável, e chorando ali ficaria para sempre, caso aquela que ele chamara de esposa não tivesse retornado e mais uma vez o tivesse consolado. Então Samuel respondeu ao curador Tomaz:

— Eu vim em busca da minha própria cura, curador. Eu sou alguém que só será curado se aprender a curar.
— Tem obtido algum sucesso?
— Sucesso, não. Mas alguma melhora no meu estado clínico já é sensível, ou melhor, visível.
— Essa melhora já bem visível continuará a aumentar? — perguntou o curador Tomaz, observando-o de modo significativo.
— A crescer, o senhor quer dizer?
— Mais ou menos iss. Você me entendeu, não?

— Não, senhor. Mas ou ele aumenta o seu poder ou me tornarei incurável. E, como isso está em mim, o que me recomenda, curador de almas enfermas?

— Terá de usar dos recursos que você traz em si mesmo, filho. Só assim terá o poder e o alcance dele aumentado a tal ponto que, onde quer que esteja, realizará curas, mesmo sem o conhecimento de quem estiver sendo curado.

— Não me esquecerei disso, mestre curador. Obrigado por lembrar-me de algo que já havia me esquecido.

Pai Tomaz despediu-se respeitosamente da senhora da luz que os observava e foi instruir seus auxiliares antes de acompanhar Samuel.

— Permite que eu os acompanhe, querido?

— Quem a chamou mentalmente não fui eu?

— Sim, foi você. E vim assim que me foi possível; por que você está preocupado?

— Logo verá, pois pai Tomaz já está vindo e preciso dele também.

Samuel surgiu pouco depois ao lado de Hineshi, que chorava debruçada em um leito. Ele a abraçou e confortou antes de dizer:

— Não deve se desesperar porque nos momentos em que nos sentimos frágeis, é justamente quando mais próximo de nós está o nosso Senhor.

— Mas são tantas irmãs sofredoras!

— Deixá-las sofrendo nas prisões de Lagisher é que eu não poderia. Aquele gênio tinha razão, Hineshi! São tantas, mas tantas, que ou faço o que tenho de fazer ou sucumbirei ante os gemidos de dor que ouço, vindos não sei de onde.

— Como levar a cada uma delas palavras de consolo, conforto e esclarecimento se não tenho como chegar a todas, de tantas que são?

— Talvez nosso irmão Tomaz tenha como fazer alguma coisa nesse sentido.

— Onde estão as tantas a que aludem, Samuel? — perguntou pai Tomaz.

— Abrigadas nesta morada, curador de almas.

— Posso dar uma olhada nelas?

— O senhor quer ver todas?

— Claro. Afinal, nem sei ao certo a quem ou a quantas vocês se referem. Mas algo em meu íntimo está vibrando com tanta intensidade que estou um tanto trêmulo.

— Então vou reuni-las no pátio interno para que o senhor possa avaliar o estado de cada uma.

Após fechar os olhos por um instante, Samuel disse:

— Já estão reunidas, irmão curador. Ordenei que nos aguardassem no pátio, pois o senhor irá vê-las. Vamos?

— Conduza-me mais um pouco, pois não conheço nada nesta morada e não sei onde fica o tal pátio, Samuel.

— Eu o levo, mestre curador — falou Hineshi, segurando pai Tomaz por uma de suas mãos. Mas quando este viu quanto as "tantas" eram, caiu de joelhos e exclamou:

— Meu Deus! Quantas!!!

— Eu não disse! — exclamou Hineshi, ainda segurando em uma das mãos do curador. — Ou o senhor imaginava que eram só umas poucas?

— Quantas eu imaginava já não importa mais, filha.

— Então, o que importa? — perguntou Samuel.

— O que importa é: como falar e ouvir tantos espíritos humanos ao mesmo tempo?

— Isso é o menos difícil, irmão curador.

— Samuel, se para você isso é o menos difícil, então o que será o mais difícil?

— Bom, para mim é transmitir a elas mensagens de fé, resignação, paciência e perseverança, pois aqui terão de permanecer até que estejam em condições de irem se reintegrando à espiritualidade depois de terem permanecido tanto tempo isoladas nos abismos da semiconsciência.

— Pois para mim o mais fácil é fazer isso, enquanto o mais difícil é falar a tantas ao mesmo tempo. Este pátio tem muitos quilômetros quadrados de área, e está totalmente ocupado por elas, que nem sei ao certo quem são nem de onde vieram.

— Bom, elas são espíritos femininos que haviam caído diante dos vícios dos seus negativos e estavam nas prisões do Trono da Cobra Humana e nas do Trono das Sete Encruzilhadas. E aqui foram abrigadas sob o manto protetor do senhor Oxóssi para que, pouco a pouco, venham a ser reintegradas à espiritualidade.

— Você consegue se comunicar com todas ao mesmo tempo, Samuel?

— Sim. Mas Hineshi também pode, pois foi dotada com essa faculdade para melhor cuidar delas.

— Se vocês podem falar a todas, então também podem ouvir a todas ao mesmo tempo, não?

— Sim, senhor. E isso é o que mais incomoda! — exclamou Hineshi, voltando a soluçar.

— Quem dotou você com essa capacidade, filha?

— Samuel dotou-me, curador — respondeu ela, já aos prantos. Pai Tomaz virou-se para Samuel e perguntou:

— Como você fez isso, filho?
— Bom, com ela, fiz quando ela já havia aceitado a missão de cuidar delas sob o amparo do senhor Oxóssi.
— Até aí, tudo bem. Mas quero saber "como", Samuel.
— Ah, isso?
— É, isso é o que quero saber. Acho isso incrível!
— Bom, isso eu fiz enquanto a amava, pois tinha acesso a todos os sentidos dela por meio de seu sétimo sentido.
— Você quer dizer que foi durante uma relação íntima? Ou não foi isso que disse?
— Foi isso que eu disse sim, pai Tomaz.
— Como isso lhe é possível?
— Não me era até aquele gênio me ensinar. Mas, depois, vi que era fácil. E é tão útil que acho que quando voltar a ver Clara vou ensinar-lhe, pois é muito útil ter essa faculdade. Ela permite ouvir a alma pelo latejar dos próprios sentidos. E, para uma médica como ela, que tem de cuidar de tantos pacientes, nada melhor que identificar as doenças das quais nem os enfermos têm consciência de portá-las, não no espírito, mas sim nos sentidos.
— Meu Deus, isso é inacreditável! — exclamou pai Tomaz. — Você domina a ciência não revelada e discorre sobre ela como se fosse algo acessível a todos os espíritos humanos!
— Ela não é acessível a todos, pai Tomaz. Só os ungidos pela Lei e pela Vida estão aptos a captá-la, compreendê-la e entendê-la.
— Como você distingue um ungido pela Lei e pela Vida, Samuel?
— É só olhar para o peito e o alto da cabeça.
— Parece fácil, desde que se saiba o que se deve ver nesses dois pontos. O que você vê?
— Um símbolo divino no peito e as sete cores do arco-íris no alto da cabeça.
— Eu tenho essas coisas?
— Tem sim. Se o senhor não as tivesse, eu não as estaria revelando ao senhor.
— Por que não?
— Oras, eu não posso falar dessas coisas a um não ungido, porque ele não as entenderia. E se entendesse, não as compreenderia.
— Como você faria para dotar-me dessa faculdade, Samuel?
— Bom, primeiro eu teria de curá-lo da enfermidade que traz no seu sétimo sentido da vida, para só então penetrar em todos os seus outros sentidos e aí abrir no senhor a audição extra-humana, ou divina, pois é assim que nós a chamamos.

— Nós quem, Samuel?
— Isso não importa.
— O que então importa nesse caso?
— A única coisa que importa é se o senhor deseja tê-la aberta e se aceitará todos os deveres e obrigações que têm os seus possuidores.
— Quais são os deveres?
— Ouvir tudo em silêncio e em silêncio se manter até que perceba que é o momento de falar.
— E as obrigações, quais são elas?
— As obrigações são as de só fazer aquilo que a Lei permite e a Vida ordena que faça pois a Lei rege a Vida. E a Vida só existe onde a Lei dá sustentação aos sentidos da Vida.
— O que acontece com quem falta com os deveres e se excede em suas obrigações?
— Ora, o que com todos os seres humanos acontece: a Lei o bloqueia a partir de sua própria Vida, e nele a Vida começa a manifestar suas ausências.
— Continue, Samuel — pediu pai Tomaz.
— Não há mais nada a ser dito, pois um ungido, depois de refletir, está apto a estabelecer seus próprios limites, tanto nos deveres quanto nas obrigações.
— Foi por isso que você não interferiu na vida da minha ex-esposa, mas ainda irá interferir na de minha filha?
— Sim, senhor. A princesa está sendo conduzida ao seu fim no negativo, onde esgotará de forma extremamente dolorosa seus ódios e preconceitos, enquanto sua filha está sendo conduzida pela vida ao encontro do seu fim no positivo, que é o de dar plena vazão às energias virtuosas geradas em seus sentidos a partir dos sentimentos nobres e humanos que vibra a partir do mais íntimo de seu ser, onde a vida vibra com tanta intensidade que ou a ajudo ou não irá conseguir isso sozinha.
— Por que não?
— Ela permaneceu muito tempo dando vazão a seus sentimentos no particular e tem dificuldade em dar vazão às energias em um sentido geral, muito abrangente.
— No que consiste essa abrangência ou sentido geral?
— Em um microambiente, o senhor já faz isso quando se ajoelha diante do congá daquela tenda e ora pelos fiéis presentes ao culto. Mas, em um macroambiente, todos têm de ser alcançados ao mesmo tempo, mesmo que estejam voltados para seus afazeres diários.
E como Clara assumiu a direção de todo um povo, nada mais justo que ela possa alcançar a todos ao mesmo tempo com suas irradiações mentais

e de energias positivas e virtuosas durante suas orações ou irradiações de amor, fé, humildade, resignação e bondade, pois só assim ela manterá todos aqueles espíritos em um padrão vibratório mental aceitável tanto pela Lei quanto pela Vida, que a colocaram na direção daquela morada.

— Onde você tem aprendido essas coisas todas, Samuel? Foi lá na escola do doutor Ângelo?

— O senhor o conhece?

— Conheço, sim. Foi lá que estudei a medicina espiritual. Mas isso não importa, pois o que quero saber é onde você tem aprendido essas coisas, certo?

— Bem, quando tenho tempo, ouço o que está escrito nos livros não escritos.

— Que livros são esses, Samuel?

— Estes aqui, pai Tomaz! — exclamou Samuel, que irradiou com a mão direita e fez surgir um volumoso livro dourado que brilhava tanto, mas tanto, que Hineshi, pai Tomaz, e a sua auxiliar fecharam os olhos e os cobriram com as mãos para não terem suas visões ofuscadas. Só aquela que o chamara de esposo não se incomodou com o brilho irradiado por aquele volumoso "livro não escrito".

— Recolha-o, querido, pois as letras dele estão incomodando a visão desses servos do nosso Senhor — pediu a sua esposa.

— Desculpem-me, eu não devia ter feito isso tão impulsivamente! — justificou-se Samuel. — Vou recolher o brilho das letras dele para que o senhor possa dar uma olhada.

Samuel estendeu a mão direita sobre o livro e absorveu todo aquele brilho ofuscante. Então, abriu-o onde o canto de uma página estava dobrada; mas, ao ver que ela estava em branco, murmurou:

— É, tenho de devolver o brilho ou as letras não se mostram.

— Faça isso, querido — ordenou ela. — Afinal, estes livros são só seus e só seus olhos estão aptos a ler o que neles está escrito, está bem?

— É, você tem razão, acho que cada um tem seus próprios livros não escritos, minha querida e amada senhora.

— Tem sim. Logo, é recomendável que você nunca mais volte a mostrá-lo.

— Tenho de controlar meus impulsos, não?

— Tens toda a eternidade para aprender. Mas digo-te que deves refletir um pouco antes de revelar de onde provém teu saber extra-humano, que não está escrito em nenhum livro humano.

— Não vou me esquecer disso, querida.

— Eu sinto que assim será de agora em diante. Mas... volte a sua atenção ao nosso amado irmão curador. Aqui, sou só uma observadora, nada mais.

— Está certo — concordou Samuel, voltando sua atenção ao curador Tomaz assim que devolveu o brilho ao livro e o recolheu novamente através da palma da mão direita. E aí concluiu:

— Assim, são nesses livros que aprendo um pouco, pai Tomaz. Mas acho que se eu tivesse mais tempo de ouvi-los, muito mais eu saberia. Mas está tudo bem! Tenho toda a eternidade para lê-los.

— Quantos livros iguais a este você tem? — quis saber o curador.

— Isso não importa, pois o que importa é que se eu quiser alcançar a perfeição do meu Senhor no meu espírito humano, terei de aprender tudo o que eles ensinam praticar para que, em mim, tais ensinamentos façam parte do meu todo humano.

— Compreendo. E tanto compreendo que quero, aceito e imploro que você abra em mim essa audição extra-humana, irmão e mestre que antes nunca tive.

— Antes, será preciso curar esse teu sétimo sentido, irmão amado. Afinal, não é normal em um espírito ele estar anulado, nem é justo que seja privado do prazer que por meio dele pode obter. Foi por isso que o nosso Criador nos fez espíritos masculinos ou femininos.

— Isso não importa, curador divino, pois sinto que a Lei está me impulsionando nesse sentido enquanto a Vida nesse sentido está começando a me atrair.

— É, está apto a isso, pois é assim que comigo tem acontecido quando já estou apto para ter alguma faculdade aberta tanto pela lei quanto pela vida. Por favor, sente-se na minha frente, pois vou realizar em um piscar de olhos o que levaria séculos para curar-se pelos métodos humanos.

— Faça isso por mim, curador que antes nunca tive — pediu pai Tomaz. E Samuel fechou os olhos, ordenando que o mesmo ele fizesse. E, com isso feito, ativou seu mistério que irradiou forte e diretamente sobre o curador, e avançou através do espírito dele em direção à nuca e dali se espalhou por todo o seu corpo. Então, começou a acumular-se até que aquele espírito explodiu em luzes multicoloridas, irradiantes e altamente energizadas.

Samuel, então, ordenou:

— Podes abrir os olhos, irmão amado! Já estás curado da enfermidade que sufocava tua alma e impedia teu espírito de manifestar livremente toda a plenitude de tua fé, amor e dedicação a serviço do nosso divino Senhor.

Pai Tomaz abriu os olhos, que estavam úmidos de lágrimas, e olhou-se. Entre envergonhado e admirado, perguntou:

— Qual é o sétimo sentido da vida, curador?

— O sétimo sentido é o da geração. Deus, depois de tudo criar nos primeiros seis sentidos, criou o sétimo ao dotar todas as criaturas e todas as espécies vivas do poder de multiplicação ou geração e, com isso, não mais precisou ficar multiplicando-os, pois, nesse sentido, o divino gerador queria descansar. Mas como descansar sem dotar os seres de algo que tornasse a geração uma ação boa, agradável, satisfatória e gratificante?

Então Deus dotou todas as criaturas da capacidade de sentirem prazer toda vez que realizassem um ato multiplicador dos da sua espécie.

E assim, sente prazer o jardineiro ao semear flores; o estudioso ao gerar conhecimento; etc., e todo ser que se unir ao seu par e gerar uma nova vida para que a vida nunca venha perecer. E, no nosso caso, o prazer alcançado pelos seres gera sensações agradáveis, salutares e gratificantes que os impulsionam sempre à frente, pois a palavra vida é sinônimo de geração e criação, irmão amado!

— Se você fosse humano, eu diria: Samuel, seus conhecimentos são de uma sapiência encantadora. Mas, como não sei ao certo quem é você, então lhe digo: seu saber é divino! Como por mais que tentasse não conseguiria expressar o que sinto, então lhe digo apenas isso: que Deus o abençoe, e muito obrigado, curador de curadores!

— É, mas não se alegre muito não, pois bastará um espírito do sexo oposto atraí-lo em algum sentido, que energias voltarão a se acumular nesse seu sentido.

— Por quê?

— Oras, isso é assim mesmo, e não serei eu, um curador iniciante, que poderá explicar razões que a Deus pertencem. Mas... se não estou enganado, isso se deve ao fato de que, quando dois espíritos de sexos opostos se identificam em algum sentido, todos os outros sentidos começam a gerar energias que estimularão uniões em todos os sentidos.

— Isso merece uma reflexão muito profunda, Samuel.

— Não tenha dúvidas sobre isso. Eu, sempre que posso e tenho tempo disponível, reflito profundamente sobre tudo o que me atrai.

— Suas palavras têm um duplo sentido, não?

— És dotado de uma mente apta a raciocinar, bom amigo. Logo, reflete!

— Refletirei sim, Samuel.

— Bem, quer parar por aqui ou ainda deseja ter aberta a faculdade de falar e ouvir no geral?

— Se não fizer isso por mim, começarei a me sentir inapto, curador.

— Está certo. Mas quero que segure as minhas mãos porque após abrir sua audição extra-humana, a primeira coisa que irá ouvir serão todas as suas ações, tanto as realizadas no plano material quanto no espiritual, e tanto as da carne quanto as do espírito. Por isso lhe darei sustentação até que o seu racional assuma o controle do seu emocional e diga para si mesmo: "Se sou como sou, é porque o meu Criador assim me fez; e se assim tenho sido, é porque outro não consegui ser, não soube como ser e não tive a quem recorrer quando sentia vontade de ser diferente. Mas, de agora em diante, ao meu Senhor, que está a me ensinar o tempo todo a ser como Ele me quer, começarei a dar atenção e a ouvir, pois, só assim, nunca deixarei de ser o que sou: uma criação do meu Senhor e senhor meu Deus, meu único Criador!".

— Espero não me esquecer disso, Samuel.

— Quando seu racional controlar seu emocional, dessas palavras se lembrará, amado irmão. Agora, vou mais uma vez penetrar no seu íntimo e, a partir dele, avançarei em todos os seus sentidos até que, subjugando-os, abrirei sua audição extra-humana, curador de almas! Só assim estará apto a curá-las no geral, ainda que demore muito tempo.

Samuel fechou os olhos, concentrou-se e irradiou mais uma vez aquele facho luminoso na direção do curador Tomaz, que sentiu um choque ao ser alcançado, mas se manteve firme até que nada mais sentiu pois ele assumira o controle de todos os seus sentidos. E quando isso aconteceu, Samuel irradiou um facho luminoso e multicolorido diretamente para a frente do curador e abriu sua audição extra-humana.

Então, após alguns segundos, pai Tomaz emitiu um gemido, logo seguido por um horrível grito de dor. Tentou levar as duas mãos aos ouvidos, mas Samuel segurou-as enquanto aumentava as irradiações de energias luminosas multicoloridas.

E pai Tomaz urrou, gritou, sorriu, gargalhou e, por fim, chorou, chorou e chorou. E continuaria a chorar por todo o sempre se Samuel não o tivesse lembrado daquelas palavras de submissão total às ordens, vontades e desejos, tanto da Lei quanto da Vida, porque se uma sustenta a ordem na criação, a outra sustenta a geração ordenada das criaturas por meio da própria criação.

Pai Tomaz, após pronunciá-las, começou a reassumir o domínio da sua consciência e dos próprios sentidos até que, ainda soluçando, pediu:

— Já estou bem, irmão amado. Obrigado pelo apoio. Sem sua ajuda eu teria sucumbido ante as emoções vivenciadas por mim.

— Está sentindo-se senhor do seu emocional?

— Sim.

— Então, por que ainda soluça?

— É a emoção de ter ouvido o meu Criador me dizendo: "Eu o tenho amado o tempo todo, filho meu; e mesmo quando você deixou de me amar, porque havia se entregado às ilusões, não deixei de amá-lo".

Samuel puxou para junto de si o curador Tomaz e o abraçou comovido pelo que acabara de ouvir e disse:

— Obrigado por, mais uma vez, ter concedido a mim a honra de realizar mais uma das tuas vontades, que desta vez foi a de amparar este teu filho até que viesse a estar apto a ouvi-lo o tempo todo, meu senhor!

Algum tempo depois, pai Tomaz, ainda abraçado a Samuel, perguntou:

— De onde vêm todos esses soluços contidos, Samuel?

— São nossas irmãs amadas que vivem aqui nesta morada do nosso Senhor e estão sob o amparo do nosso pai Oxóssi, que assistiram à sua cura e à abertura da sua faculdade de a todos ouvir e a todos falar no geral, amado irmão. E, se elas emitem soluços contidos, é porque não querem incomodá-lo com seus prantos, ainda que de alegria, porque sabem que, de agora em diante, terão no senhor mais um espírito habilitado a ouvi-las, entendê-las, compreendê-las e, também, apto a falar com elas a partir de sentimentos que nem elas sabem como identificar, ainda!

Pai Tomaz soltou-se dos braços de Samuel e caminhou até a esposa de Samuel. Então se ajoelhou, cruzou o solo diante dela e depois beijou seus pés, que eram pura luz.

Ela o tocou e o colocou de pé. Então afastou o véu de luz que cobria parcialmente seu rosto e pediu:

— Olhes para mim, meu filho! Já não preciso ocultar-me dos teus olhos. E digo mais: de agora em diante só alegria meus olhos irradiarão quando eu olhar na tua direção.

— Mãe! — exclamou o pai Tomaz, mais uma vez emocionando-se até chegar às lágrimas. Ela o abraçou e o envolveu em um manto de pura luz e também chorou com ele. E a chorar continuariam caso Samuel não tivesse se aproximado e dito:

— Todo reencontro dos espíritos afins é comovente. Mas ou o curador de almas pai Tomaz partilha um pouco de sua alegria com estas nossas outras irmãs amadas ou elas não resistirão à emoção do vosso reencontro na luz do nosso Senhor e sofrerão uma queda vibratória. Elas nunca se sentiram tão necessitadas das palavras de consolo, conforto e esclarecimento que só os que curam por meio da fé sabem como pronunciar!

— Faça isso que lhe é exigido nesse momento tão importante da vida delas, meu filho! Quanto a nós, temos o restante de nossas existências para nos vermos, ouvirmos, falarmos e amarmos sob o manto protetor do nosso Senhor.

Pai Tomaz soltou-se dela e, antes de dizer qualquer coisa, foi até Hineshi, cruzou o solo diante dos pés dela, beijou-lhe as mãos e depois a abraçou, fazendo o mesmo com a auxiliar de Samuel. Só depois disso deu plena vazão ao seu mistério da fé.

Foi divino nas suas palavras, comentários, consolos, reconfortamento e esclarecimento das razões da fé nos seres humanos, vivam eles no plano material ou espiritual. E divino foi o sentido que ele imprimiu à sua "palestra".

Tão divinas foram suas palavras e o sentido a elas dado por ele que, assim que encerrou sua fala, no alto, bem acima daquela multidão de espíritos, começou a surgir um clarão dourado que iluminou todo o pátio. E em meio àquele clarão, surgiu um fulgurante orixá Oxóssi, acompanhado de outros seis seres fulgurantes, pairando no alto e acima de todos ali reunidos. Então, dirigindo-se ao pai Tomaz, transmitiu-lhe:

— Tão divino é o mistério há muito ativado em você, mas só agora aberto a todos em geral e a cada um em particular, que lhe estão abertos todos os campos do meu Senhor, que também é seu Senhor, para que neles possa dar vazão plena ao que você tem de melhor, que é essa sua capacidade de curar os enfermos a partir de suas palavras de fé na bondade, na generosidade e no amor do Criador para com toda a criação e todas as criaturas. Bendito és tu, curador dos filhos do nosso Senhor.

Em pleno êxtase, pai Tomaz apenas respondeu:
— Que assim seja, pai meu!
— Assim será, meu filho, pois assim teu Criador quer que seja, e sejais!

E do mesmo jeito que havia surgido, o senhor Oxóssi e os outros seis seres fulgurantes que o acompanhavam se foram: em um clarão dourado.

Depois de tantas emoções, um silêncio total se fez. Mas logo começaram a surgir muitos espíritos femininos vestidos de branco e verde, que foram se enfileirando em vários degraus e formaram um coro que, sob a regência de uma das recém-chegadas, deram início a um recital de cantos de fé, amor e vida.

E muitas outras continuaram a surgir em meio às irmãs recolhidas naquela morada.

Samuel olhou para sua esposa e, com os olhos, perguntou:
— Quem são, irmã amada?
— Será que não sabe quem são elas?
— Todas? Mas são tantas!

— Ainda não viu nada! A morada que dirijo sob o manto protetor do nosso senhor Ogum acolhe muitas vezes o número de irmãs abrigadas nesta morada divina, amado meu.

— Ainda bem que posso fazer no geral o que só alguns conseguem fazer no particular!

— Disso não tenho dúvida! Talvez, só mesmo alguns sabiam que uma mulher, para se sentir plena nesse sentido, só precisa da companhia de um homem que pleno seja no amor e na vida.

— Isso que acaba de dizer mexe comigo no que de mais pleno tenho a oferecer ao amor e à vida.

— Isso não o faz recordar de alguns compromissos assumidos?

— Faz sim. Vou deixar o pai Tomaz se deliciando com esse recital enquanto vou cuidar do compromisso que se à primeira vista parece fácil, no entanto, sem sua ajuda não conseguirei realizá-lo.

— Está reclamando do quê, se sei que você aprecia muito poder usar, seus recursos inesgotáveis?

— É que tenho de acabar de ouvir o que está escrito naquele livro, e não tenho tido tempo, oras!

— Por que se preocupar com o tempo se o tempo estará a seu favor o tempo todo? Ou já se esqueceu disso?

— Não me esqueci, não. Mas é que tenho muitos outros milhares de livros iguais àquele para ler, ouvindo-os.

— O tempo está a seu favor, Samuel.

— Mas isso durará a eternidade, quero dizer, nunca vou conseguir ler todos eles!

— Ótimo, muito ótimo mesmo, querido!

— Por quê?

— Oras, você não sabe que enquanto não ler a última página do último deles, outro sentido extra-humano não será ativado em você pelo nosso Senhor?

— É assim que as coisas são?

— Bom, talvez eu esteja enganada. Mas isso não é o mais importante neste momento, certo?

— Tem razão. Vou instruir minha auxiliar a permanecer aqui até que eu possa retornar.

— Não sei não, mas acho que, ela está se apaixonando por você, querido!

— Será?

— Posso sentir isso nela.

— Então ela está — concordou Samuel, que pouco depois seguia até outra morada, só retornando bem mais tarde quando o coro cantava a última canção daquela apresentação maravilhosa.

A regente do coro, após encerrar a apresentação, aproximou-se de Samuel, cruzou o solo diante dele e pediu:

— Meu senhor, posso falar contigo?

— Claro, amada irmã!

Samuel até que não se demorou muito para ouvir o que aquela irmã tinha a dizer. Quando retornou, usou de uma de suas faculdades e, falando a todas em geral e a cada uma em particular, ordenou que todas as irmãs ali reunidas se recolhessem aos seus aposentos naquela morada, pois iria se reunir com Hineshi para, com ela, instruí-las melhor sobre certos meios de auxiliá-las por meio de faculdades gerais.

Quanto a pai Tomaz e sua auxiliar, indicou a morada dirigida por Clara como um lindo lugar para se visitar antes de retornarem ao plano material, onde se encontrariam.

No fim, só quando o sol surgiu no horizonte é que Samuel se retirou, não sem antes prometer a Hineshi que voltaria em breve para outras instruções em outros sentidos da vida.

Já com pai Tomaz, Samuel conversou sobre muitas coisas, inclusive sobre a ajuda que daria à sua filha Clara. A certa altura da conversa, o curador perguntou-lhe:

— Você não se cansa ou se esgota ao usar esse seu poder, Samuel?

— O senhor se cansou ou esgotou quando usou o seu?

— Não. Eu, se não sentisse que era hora de parar, continuaria por tempo indefinido a fazer uso dele auxiliando os espíritos necessitados.

— Então já tem a minha resposta. Mas digo que mais importante que transmitir alguma coisa é saber como transmitir, o que transmitir, quanto transmitir e quando interromper a transmissão para não saturar quem a está recebendo. Digo também que interromper é a parte mais difícil, pois esses mistérios são tão poderosos que, se não estivermos atentos, empolgamo-nos com o poder deles e acabamos nos tornando um grande mal ao invés de um grande bem.

Afinal, se eles são extra-humanos, no entanto os usamos somente com seres humanos, que têm limites em todos os sentidos, e nunca devemos ultrapassá-los.

— Compreendo, Samuel. Como faço para voltar a ter a aparência que eu possuía antes de ter sido curado de minha enfermidade? Afinal, aqui tenho de continuar a ser o pai Tomaz, conhecido por todos os meus filhos de fé.

— Posso ajudá-lo, mas o que curei no senhor nunca mais voltará a ser como era, pois nesse sentido é outro agora.

— Nem quero voltar a ser como era nesse sentido, Samuel!

— Ótimo. Então, ajudo-o uma vez e depois usará dessa aparência quando quiser, podendo voltar a ser como realmente é quando bem desejar.

— É assim que você costuma fazer?

— Não, não! Prefiro continuar como o Samuel que sempre fui, sou e serei até que outra aparência o meu senhor a mim queira dar.

Depois de voltar à aparência de pai Tomaz, o curador Tomaz perguntou:

— Gostaria de conhecer a morada onde abrigo os meus auxiliares e todos os que os auxiliam?

— Vestido assim, só com essa capa de Exu das Sete Porteiras?

— Tem outra veste neste momento?

— O senhor sabe que não tenho.

— Ótimo, então irá coberto com a veste que neste momento agrada ao nosso senhor vê-lo usando, certo?

— Para mim, agora que ultrapassei minha timidez inicial, está tudo certo. Mas não me repreenda mais tarde, caso alguém venha a olhar-me justamente onde esta capa não cobre, certo?

— Quem escreveu aquele livro, Samuel?

— Deus o escreveu, pai Tomaz. É por isso que é um livro não escrito, que só pode ser lido ouvindo-o, e ouvindo tão claramente o que está sendo lido. Nele só as verdades divinas estão escritas, e de uma forma tão humana que me encanta os ouvidos quando tenho tempo para ler uma de suas páginas.

— Samuel!, Samuel!, finalmente, depois de ter sido envolvido por você, consigo decifrar seu enigma, que é você mesmo!

— Verdade?

— Claro que sim! Teu enigma está me dizendo que és um mistério de Deus que, aos olhos humanos, se mostra como um ser humano, mas aos olhos dos anjos se mostra um anjo.

— Tem certeza de que é isso mesmo?

— Absoluta, Samuel.

— Puxa, que alívio, pai Tomaz!

— Por quê?

— Bom, assim que olhei para o senhor e para Clara não tive dúvidas: eram duas criaturas angelicais que meus olhos viam. Que bom ter encontrado dois anjos em tão pouco tempo!

— Espere aí! Nem eu nem Clara Maria somos anjos!

— Mas não foi o senhor mesmo quem acabou de afirmar com uma certeza absoluta que aos olhos dos anjos me mostro com um anjo?

— Bom, isso afirmei.
— Se assim é, e se me viram como anjo, então é porque vocês também são anjos, certo?
— Assim você me coloca em uma situação insustentável, Samuel.
— Por quê?
— Ora, para continuar com aquela decifração tão definitiva sobre você, tenho de me aceitar como um anjo, o que, em absoluto, sinto que não sou. Isso não se faz com quem o decifrou com tanta precisão e certeza, Samuel! Isso não o incomoda?
— Nem um pouco, pois o que me incomoda é ser elevado à categoria dos anjos, na qual nem por um segundo eu me sustentaria.
— Acho que vou reduzir um pouco minha definição do seu enigma, e aí não conseguirá refutá-la, certo?
— Que seja! Diga-a, pai Tomaz.
— Bom, redefinindo-o, digo que és um mistério.
— Até aí, tudo certo. Só falta saber se sou um mistério divino ou humano. Por qual dos dois optas?
— Oras, és um mistério divino, Samuel! Acertei?
— Claro que sim, pai Tomaz.
— Eu sabia que conseguiria decifrar teu enigma, Samuel.
— É, mas não decifrou só o meu não.
— O enigma de quem mais eu decifrei?
— Tenho certeza de que o senhor sabe.
— Será que sei?
— Claro que sim, ou não é verdade que todos os seres humanos são um mistério divino?
— Isso é uma verdade. Todos os seres humanos são um verdadeiro mistério divino, Samuel. E negar a divindade do mistério chamado de espírito humano, só os ignorantes conseguem, não?
— Conseguem, sim. Mas isso se deve muito ao excesso de imaginação e o pouco uso do raciocínio e da razão.

Após meditar um pouco, pai Tomaz murmurou para si mesmo:
— Que coisa, por mais que eu tente, você continua acreditando que é só um espírito humano!
— Está se esquecendo de algo muito especial que lhe revelei, pai Tomaz.
— Foram tantos "algos" especiais, Samuel. De qual deles me esqueci?
— Não lhe falei que existem espíritos ungidos com duas coisas que os distinguem dos demais aos meus olhos?
— É, falou sim.

— Também não te falei que também és um ungido?
— Isso também falou.
— Pois é isso, pai Tomaz! A dedicação com que servimos a Deus, às Lei divinas e ao mistério da Vida agrada a Ele, que se alegra com nossa perseverança e dedicação, e faz com que nos unja, e com isso nos distingue tornando-nos um mistério indecifrável para os que ainda não foram ungidos porque, em vez de caminharem ao encontro d'Ele, só procuram d'Ele se afastar. E sabe por que procedem assim?

Após meditar por um instante, pai Tomaz respondeu:
— Se assim procedem, é porque ainda não sabem que, no fim, só poderão estar com os que por Ele forem ungidos.
— Apreciei a firmeza em sua resposta, pai Tomaz.
— Você acreditaria se eu lhe revelasse uma coisa?
— Claro. Do que se trata?
— Bom, se não fosses um ungido, isso eu não revelaria a ti. Mas, como és, creio que posso revelar.
— Não faça tanto mistério de uma revelação e diga logo o que tem a dizer-me!
— Bom, que seja. Eu, enquanto meditava sobre o que responder, vi isto escrito em uma das páginas de um livro não escrito que trago em mim, Samuel! — exclamou pai Tomaz, vertendo lágrimas e caindo de joelhos.

Samuel também se ajoelhou e disse:
— Acredito sim, irmão amado. Sabes qual é o maior encanto e mistério desses livros não escritos?
— Não. Mas desejo saber qual é esse encanto e mistério, Samuel.
— Bom, é que quando recorremos a esses livros, eles se abrem justamente na verdade absoluta que procuramos. E isso não é um encanto e um mistério, pai Tomaz?
— É claro que é mistério encantador de mistérios divinos que, por meio de você, humanizam-se e são entendidos, compreendidos e amados de forma humana pelos espíritos.

Onde você esteve esse tempo todo que, por mais que o procurasse, eu não conseguia vê-lo, pois tudo para mim eram só mistérios?
— Bom, se não estou enganado, talvez eu tenha tido de recuar um pouco, porque para trás tinham ficado alguns mistérios humanos que haviam perdido seus encantos e já não se pareciam mais com mistérios, pois haviam passado a se alimentar de coisas misteriosas.
— Ah!, Samuel, meu irmão amado. Desta vez você recuou para devolver o encanto a tantos! E feliz, muito feliz, estou me sentindo porque sinto que você devolveu todo o encanto de minha vida, ainda que aos encantados eu estivesse a servir. E, de agora em diante, se a eles eu já servia com tanta

dedicação, muito mais irei servi-los. Você tem o dom de passar para nós, os humanos, todo o encanto pela vida que só eles, os encantados, têm. E agora também compreendo e entendo a razão do brilho encantador nos olhos daquelas nossas irmãs.

— Eu não recuei desta vez, mestre curador.
— Está dizendo-me a verdade?
— Sim, senhor.
— Então, o que aqui o retém, se elevado, muito elevado é o seu grau?
— Não creio que seja tão elevado assim. O que realmente aconteceu é que fui dotado com "certa" faculdade extra-humana quando ainda vivia no corpo carnal. Mas foi só isto o que aconteceu comigo.

E tanto isto é verdade que, desde que desencarnei, não tive o prazer de reencontrar ao menos um dos meus irmãos em espírito que eram meus guias. Logo, não se empolgue muito, porque, se em alguns sentidos lhe pareço um ser encantado, sou o que realmente sou: um curador iniciante, que está curioso em conhecer uma morada onde vivem Pretos-Velhos curadores, os amados curadores africanos!

— Venha, vou lhe mostrar nossa morada, ser encantado por um mistério que desperta o encanto de outros mistérios! Mas, antes, vou chamar alguém para assistir essa tua auxiliar, pois ela pode despertar de um momento para outro.

Samuel conheceu a morada de pai Tomaz e também de muito outros curadores e curadoras da linha africana. E ficou encantado com o que ali encontrou: eram milhares de espíritos curadores, irmanados no objetivo comum de instruir outros espíritos que um dia iriam assistir médiuns como seus amados Pretos-Velhos.

Quando a noite veio, retornou ao quarto onde havia deixado sua auxiliar e, vendo-a desperta, perguntou:

— Está pronta para acompanhar-me, irmã amada?
— Mais do que antes, quero acompanhá-lo, meu mestre!
— Ótimo. Vamos nos despedir do pai Tomaz para depois irmos em busca de novas emoções e novas razões da vida.

Samuel volitou dali para um lugar onde apreciava ficar contemplando o mar enquanto meditava. Em dado momento, falou:

— Isto me ajudou a entender melhor como as coisas acontecem com nós, os ungidos com estes símbolos sagrados. Vamos?

— Para onde?
— Às Sete Porteiras, ora!
— Mas você não precisa continuar lá. Já sabe que seu campo de atuação é muito maior que o posto que Exu lhe proporciona.

— Não sei não, mas acho que devo continuar a usar esta capa simbólica. Foi sob o manto protetor das Sete Porteiras que muitas possibilidades se abriram para mim. E além do mais, ainda sou um iniciante na arte de curar.

— Bom, isso você ainda é.

— Então concorda que o melhor que tenho a fazer é continuar a usá-la?

— Como fazer para convencê-lo em contrário?

— Não me convenceria, ainda que use dos seus poderes extra-humanos. Logo, continuo a ser um Exu das Sete Porteiras.

Samuel volitou direto para o salão do Trono das Sete Porteiras do Cemitério para se apresentar ao senhor Exu que dali comandava aquele ponto mágico. Este, assim que o viu, exclamou:

— Samuel, que bom você ter aparecido!

— Salve, general.

— O que é que você andou fazendo por aí?

— Por que quer saber?

— Ora! Até aqui vieram, um cavaleiro do senhor Ogum; um mensageiro do senhor Oxóssi; uma guerreira da senhora Iansã; um Mago do senhor Omolu; e, por fim, um curador do nosso senhor Obaluaiê.

— Puxa! Então as coisas por aqui estiveram animadas, não?

— Muito animadas mesmo. E você é o causador de tanta animação.

— Eu?

— Claro. Você lembra das coisas que andou fazendo?

— Vagamente, chefe.

— É isso. Cada um dos que citei veio trazer os símbolos de poder dos orixás que eles representam. E os deixaram aqui para que fossem entregues, pois disseram que você ensinou a tantos como realmente um executor deve proceder, que agora têm à mão tantos executores que estão aptos a realizar suas missões nos limites da Lei, que já não precisam mais de você.

— Que pena. Eu estava gostando da coisa, chefe.

— Não fique triste. Cada um deles deixou aos meus cuidados os símbolos conquistados por você. Venha, vou passá-los às suas mãos.

Logo, Samuel via depositados, lado a lado, uma espada simbólica do senhor Ogum, uma flecha do senhor Oxóssi, uma lança da senhora Iansã, um alfanje do senhor Omolu e um cajado do senhor Obaluaiê. E todos, dourados e muito brilhantes.

— São todos teus, Samuel!

— Acho que não, chefe. Eu estava a seu serviço antes de ter sido requisitado por eles, certo?

— Sim, estava.
— Logo, eles são seus, meu senhor.
— Mas, Samuel, isso não é justo!
— É claro que é justo. Agora, guarde-os e não falemos mais nisso porque preciso de sua ajuda.
— Do que se trata?
— Bom, o senhor se lembra da capa com a qual me cobriu e sob o símbolo dela amparou-me?
— Lembro-me, sim. E, por falar nela, onde é que ela está? Não vá me dizer que você a perdeu!
— Quase, chefe. Não sei ao certo, mas em dado momento ela sofreu uma transformação: de preta, passou para branca, assim, sem mais nem menos!
— Não é possível!!!
— Sinto muito, chefe. Não tive culpa alguma pelo ocorrido! — justificou-se Samuel.
— Vamos ver se alguém fez isso a ela. Deixe-me dar uma olhada nela, sim?
Samuel irradiou com a mão esquerda e a capa, alvíssima, foi parar nas mãos do senhor Exu das Sete Porteiras que, após examiná-la, falou:
— Vamos ver o que acontece caso você vista outra capa preta.
Assim que Samuel a colocou sobre as costas, a capa tornou-se branca.
— É, ninguém mais interferiu, Samuel. E agora, temos aqui uma capa que é em si uma prova de que você superou todas as dificuldades que o posto de Exu traz em si, sem cometer nenhuma ação negativa.
— Verdade?
— Isso mesmo, e já está apto a se candidatar a um posto mais elevado dentro das linhas de Lei.
— O senhor tem certeza?
— Absoluta. Não foram poucos os Exus que, depois de servirem sob minhas ordens, tornaram-se aptos a ascenderem a um grau mais elevado nas linhas de Lei.
— Mas eu não queria deixar de servi-lo, chefe.
— Sinto muito, Samuel. Isso é um dos ditames da Lei, que diz: "Um Exu nunca deixará de ser um enquanto um for. Mas ninguém será um Exu se outro estiver apto a ser".
— Que pena. Gostei tanto do posto de Exu!
— Eu sinto que sua passagem por aqui tenha sido tão rápida. Mas a lei tem de ser cumprida, Samuel. Mas não fique triste. Junto a essas armas simbólicas vou colocar esta sua capa, tão alva e sem uma mácula sequer,

para mostrar para todo iniciante sob as minhas ordens o que ele poderá conquistar, caso venha a se tornar uma Porteira Luminosa no caminho e na vida dos espíritos!

E, quanto a esta outra capa que usamos para descobrir quem a havia tornado branca, é sua por justo merecimento. Guarde-a consigo, pois, se um dia alguém perguntar o que você era no Campo-Santo, você a mostrará e dirá:

— No Campo-Santo fui, sou e sempre serei uma Porteira Luminosa!

FIM